纪录小康工程

"最美奋斗者"
风采录

本书编写组

人民出版社
新华出版社

总 序

为民族复兴修史　为伟大时代立传

小康，是中华民族孜孜以求的梦想和夙愿。千百年来，中国人民一直对小康怀有割舍不断的情愫，祖祖辈辈为过上幸福美好生活劳苦奋斗。"民亦劳止，汔可小康""久困于穷，冀以小康""安得广厦千万间，大庇天下寒士俱欢颜"……都寄托着中国人民对小康社会的恒久期盼。然而，这些朴素而美好的愿望在历史上却从来没有变成现实。中国共产党自成立那天起，就把为中国人民谋幸福、为中华民族谋复兴作为初心使命，团结带领亿万中国人民拼搏奋斗，为过上幸福生活胼手胝足、砥砺前行。夺取新民主主义革命伟大胜利，完成社会主义革命和推进社会主义建设，进行改革开放和社会主义现代化建设，开创中国特色社会主义新时代，经过百年不懈奋斗，无数中国人摆脱贫困，过上衣食无忧的好日子。

特别是党的十八大以来，以习近平同志为核心的党中央统揽中华民族伟大复兴战略全局和世界百年未有之大变局，团结带领全党全国各族人民统筹推进"五位一体"总体布局、协调推进"四个全面"战略布局，万众一心战贫困、促改革、抗疫情、谋发展，党和国家事业取得历史性成就、发生历史性变革。在庆祝中国共产党成立100周年大会上，习近平总书记庄严宣告："经过全党全国各族人民持续奋斗，我们实现了第一个百年奋斗目标，在中华大地上全面建成了小康社会，历史性地解决了绝对贫困问题，正在意气风发向着全面建成社会主义现代化强国的第二个百年奋斗目标迈进。"

这是中华民族、中国人民、中国共产党的伟大光荣！这是百姓的福祉、国家的进步、民族的骄傲！

全面小康，让梦想的阳光照进现实、照亮生活。从推翻"三座大山"到"人民当家作主"，从"小康之家"到"小康社会"，从"总体小康"到"全面小康"，从"全面建设"到"全面建成"，中国人民牢牢把命运掌握在自己手上，人民群众的生活越来越红火。"人民对美好生活的向往，就是我们的奋斗目标。"在习近平总书记坚强领导、亲自指挥下，我国脱贫攻坚取得重大历史性成就，现行标准下9899万农村贫困人口全部脱贫，建成世界上规模最大的社会保障体系，居民人均预期寿命提高到78.2岁，人民精神文化生活极大丰富，生态环境得到明显改善，公平正义的阳光普照大地。今天的中国人民，生活殷实、安居乐业，获得感、幸福感、安全感显著增强，道路自信、理论自信、制度自信、文化自信更加坚定，对创造更加美好的生活充满信心。

全面小康，让社会主义中国焕发出蓬勃生机活力。经过长期努力特别是党的十八大以来伟大实践，我国经济实力、科技实力、国防实力、综合国力跃上新的大台阶，成为世界第二大经济体、第一大工业国、第一大货物贸易国、第一大外汇储备国，国内生产总值从 1952 年的 679 亿元跃升至 2021 年的 114 万亿元，人均国内生产总值从 1952 年的几十美元跃升至 2021 年的超过 1.2 万美元。把握新发展阶段、贯彻新发展理念、构建新发展格局、推动高质量发展，全面建设社会主义现代化国家，我们的物质基础、制度基础更加坚实、更加牢靠。全面建成小康社会的伟大成就充分说明，在中华大地上生气勃勃的创造性的社会主义实践造福了人民、改变了中国、影响了时代，世界范围内社会主义和资本主义两种社会制度的历史演进及其较量发生了有利于社会主义的重大转变，社会主义制度优势得到极大彰显，中国特色社会主义道路越走越宽广。

全面小康，让中华民族自信自强屹立于世界民族之林。中华民族有五千多年的文明历史，创造了灿烂的中华文明，为人类文明进步作出了卓越贡献。近代以来，中华民族遭受的苦难之重、付出的牺牲之大，世所罕见。中国共产党带领中国人民从沉沦中觉醒、从灾难中奋起，前赴后继、百折不挠，战胜各种艰难险阻，取得一个个伟大胜利，创造一个个发展奇迹，用鲜血和汗水书写了中华民族几千年历史上最恢宏的史诗。全面建成小康社会，见证了中华民族强大的创造力、坚韧力、爆发力，见证了中华民族自信自强、守正创新精神气质的锻造与激扬，实现中华民族伟大复兴有了更为主动的精神力量，进入不可逆转的历史进程。今天，我们比历史上任何时期都更接近、更有信心和能力实现中华民族伟大复兴的目标，中国人民的志气、骨气、底气极大增强，奋进新征程、建功新时代有着前所未有的历史主动精神、历史创造精神。

全面小康，在人类社会发展史上写就了不可磨灭的光辉篇章。中华民族素有和合共生、兼济天下的价值追求，中国共产党立志于为人类谋进步、为世界谋大同。中国的发展，使世界五分之一的人口整体摆脱贫困，提前十年实现联合国 2030 年可持续发展议程确定的目标，谱写了彪炳世界发展史的减贫奇迹，创造了中国式现代化道路与人类文明新形态。这份光荣的胜利，属于中国，也属于世界。事实雄辩地证明，人类通往美好生活的道路不止一条，各国实现现代化的道路不止一条。全面建成小康社会的中国，始终站在历史正确的一边，站在人类进步的一边，国际影响力、感召力、塑造力显著提升，负责任大国形象充分彰显，以更加开放包容的姿态拥抱世界，必将为推动构建人类命运共同体、弘扬全人类共同价值、建设更加美好的世界作出新的更大贡献。

回望全面建成小康社会的历史，伟大历程何其艰苦卓绝，伟大胜利何其光辉炳耀，伟大精神何其气壮山河！

这是中华民族发展史上矗立起的又一座历史丰碑、精神丰碑！这座丰碑，凝结着中国共产党人矢志不渝的坚持坚守、博大深沉的情怀胸襟，辉映着科学理论的思想穿透力、时代引领力、实践推动力，镌刻着中国人民的奋发奋斗、牺牲奉献，彰显着中国特色社会主义制度的强大生命力、显著优越性。

因为感动，所以纪录；因为壮丽，所以丰厚。恢宏的历史伟业，必将留下深沉的历史印记，竖起闪耀的历史地标。

中央宣传部牵头，中央有关部门和宣传文化单位，省、市、县各级宣传部门共同参与组织实施"纪录小康工程"，以为民族复兴修史、为伟大时代立传为宗旨，以"存史资政、教化育人"为目的，形成了数据库、大事记、系列丛书和主题纪录片4方面主要成果。目前已建成内容全面、分类有序的4级数据库，编纂完成各级各类全面小康、脱贫攻坚大事记，出版"纪录小康工程"丛书，摄制完成纪录片《纪录小康》。

"纪录小康工程"丛书包括中央系列和地方系列。中央系列分为"擘画领航""经天纬地""航海梯山""踔厉奋发""彪炳史册"5个主题，由中央有关部门精选内容组织编撰；地方系列分为"全景录""大事记""变迁志""奋斗者""影像记"5个板块，由各省（区、市）和新疆生产建设兵团结合各地实际情况推出主题图书。丛书忠实纪录习近平总书记的小康情怀、扶贫足迹，反映党中央关于全面建成小康社会重大决策、重大部署的历史过程，展现通过不懈奋斗取得全面建成小康社会伟大胜利的光辉历程，讲述在决战脱贫攻坚、决胜全面小康进程中涌现的先进个人、先进集体和典型事迹，揭示辉煌成就和历史巨变背后的制度优势和经验启示。这是对全面建成小康社会伟大成就的历史巡礼，是对中国共产党和中国人民奋斗精神的深情礼赞。

历史昭示未来，明天更加美好。全面建成小康社会，带给中国人民的是温暖、是力量、是坚定、是信心。让我们时时回望小康历程，深入学习贯彻习近平新时代中国特色社会主义思想，深刻理解中国共产党为什么能、马克思主义为什么行、中国特色社会主义为什么好，深刻把握"两个确立"的决定性意义，增强"四个意识"、坚定"四个自信"、做到"两个维护"，以坚如磐石的定力、敢打必胜的信念，集中精力办好自己的事情，向着实现第二个百年奋斗目标、创造中国人民更加幸福美好生活勇毅前行。

目　录

第一部分　"最美奋斗者"个人

第二部分 "最美奋斗者"集体

第一部分

"最美奋斗者"个人

于 蓝

　　于蓝（1921—2020），女，汉族，中共党员，
1921 年 6 月生，辽宁岫岩人，中国电影集团公司
中国儿童电影制片厂首任厂长，新中国儿童电影事
业奠基人，红色电影艺术家，中国文联荣誉委员。
她在《林家铺子》《龙须沟》《革命家庭》《烈火中
永生》等影片中塑造了无数深入人心、至真至善的
经典形象。花甲之年，受命组建中国儿童电影制片
厂，带领童影厂创作一批代表中国儿童电影艺术最
高成就、国际瞩目的精品，开创了新中国儿童电影
事业的第一个高峰，为我国社会主义文艺事业的繁
荣作出了突出贡献。

于 漪

于漪，女，汉族，中共党员，1929年2月生，上海市人，上海市杨浦高级中学名誉校长，上海市教师学研究会会长，全国语言学会理事，全国首批特级教师。67年来，她扎根上海基础教育最前沿，致力教育教学改革与创新，推动全国语文课程教学综合性改革，主编出版《现代教师学概论》等，参与制定《上海市学生民族精神教育指导纲要》，带动了大批青年教师，被誉为"精心育人的一代师表、潜心教改的一面旗帜"，在基础教育改革发展史上有重要影响。荣获改革先锋、全国先进工作者、全国三八红旗手、全国教书育人楷模称号。

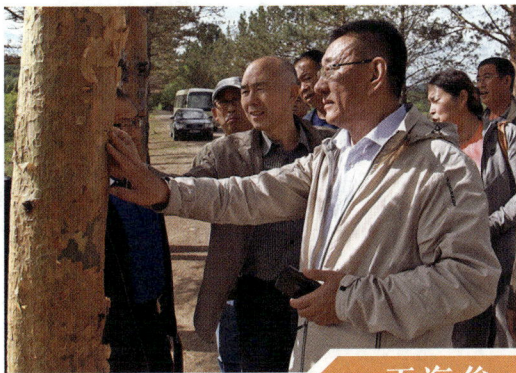

于海俊

于海俊（1963—2019），男，汉族，中共党员，1963 年 11 月生，内蒙古赤峰人，生前系内蒙古自治区大兴安岭重点国有林管理局根河林业局副局长。他带领科研团队累计完成重大林业工程项目100 余项，参与编制国家森林工程标准 4 项，完成林业科研课题 10 余项，撰写学术论文 20 余篇。创造性提出"补植补造"概念及森林经营措施，并纳入编制《东北内蒙古国有林区森林培育实施方案》和检查验收办法中，为筑牢祖国北疆生态安全屏障作出了突出贡献。2019 年 6 月 19 日，于海俊同志在指挥扑救森林火灾中因公殉职，被追授为内蒙古自治区优秀共产党员。

卫兴华

卫兴华（1925—2019），男，汉族，中共党员，1925年10月生，山西五台人，中国人民大学经济学系原主任、教授，曾任国务院学位委员会经济学科评议组成员。我国著名经济学家和经济学教育家，长期从事《资本论》研究，为马克思主义政治经济学中国化作出重要贡献，主编的《政治经济学原理》教材是全国影响力和发行量最大的教材之一。他提出的商品经济论、生产力多要素论等，在经济学界影响广泛。荣获孙冶方经济科学奖第一、二届论文奖。

马万水

马万水（1923—1961），男，汉族，中共党员，1923 年生，河北深县（今河北深州市）人，生前系河北龙烟铁矿"马万水小组"组长。1949 年，他来到河北龙烟铁矿当工人，组建了全矿第一个分班干活的小组和第一个开展爱国红旗竞赛的小组。1950 年 6 月，他所在的掘进 5 组以手工操作月进石英岩巷道 23.7 米的速度，创造了全新纪录，5 组被正式命名为"马万水小组"。在之后的十几年中，"马万水小组"刻苦奋战、顽强拼搏，创造了"打撞楔法""深坑作业法""超前支架密集棚子开口法"等一个又一个开凿工艺史上的奇迹。第一、二届全国人大代表，荣获全国劳动模范荣誉称号，2009 年当选 100 位新中国成立以来感动中国人物。

马六孩

马六孩（1916—1998），男，汉族，中共党员，1916 年生，山西大同人，生前系原大同煤矿同家梁矿掘进组组长。为了新中国的建设，他和同组工人连万禄创造了日掘 136 厘米成绩。1951 年，他率领快速掘进组创造全国掘进最高纪录。带领小组先后创造了"马六孩循环作业""马六孩多孔道循环掘进工作法"等先进操作技术，取得月进 1300 多米的惊人成绩。党的八大代表，第一、二届全国人大代表，第五、六届全国政协委员，荣获全国劳动模范荣誉称号。

马凤山

马凤山（1929—1990），男，汉族，中共党员，1929 年 5 月生，江苏无锡人，生前系原上海飞机设计研究所所长，运—10 总设计师，原航空航天工业部干线飞机总设计师顾问，新中国第一代大中型飞机总设计师和技术开拓者。他领导了我国第一款中程战略轰炸机轰—6、第一款中型运输机运—8 和第一款大型客机运—10 的设计工作。坚定探索"自主设计中国人自己的大飞机"道路，形成了我国最早的大型客机技术体系，为大飞机事业跑出至关重要的第一棒。领导编制我国第一部运输类飞机适航规章，为新时期 ARJ21 喷气支线客机、C919 大型客机等民用飞机和民航事业腾飞奠定坚实的技术基石。因积劳成疾，于 1990 年 4 月病逝于上海。荣获国家级有突出贡献的科技专家称号。

马永顺

马永顺（1914—2000），男，汉族，中共党员，1914年12月生，天津宝坻人，生前系黑龙江省伊春市铁力林业局顾问。他是新中国第一代伐木工人，被誉为"伐木能手""林海红旗"，先后14次受到毛泽东、周恩来等老一辈革命家的接见。他曾靠弯把子锯一个冬天采伐木材1200立方米，一人完成6人的工作量，创全国手工伐木产量之最，创造的"安全伐木法""四季锉锯法"在林业战线得到推广。他用崇高的精神树起一座座绿色丰碑，从1982年退休至1999年底，坚持17年造林不止，植树5万多棵。荣获全国劳动模范荣誉称号，2009年当选100位新中国成立以来感动中国人物。

马伟明

马伟明，男，汉族，中共党员，1960年4月生，江苏扬中人，1978年10月入伍，中国工程院院士，海军工程大学舰船综合电力技术国防科技重点实验室主任、教授。他长期致力于舰船电力系统领域研究，始终以提高国家核心竞争力、军队战斗力为己任，聚力自主创新，勇攀科技高峰，带领团队破解科技难题，取得重大成果，多次获国家和军队科技进步奖，为我国国防武器装备现代化建设和高层次人才培养作出重要贡献，用实际行动诠释了矢志强军、履行使命的责任担当。荣立一等功2次，被评为人民海军70周年突出贡献个人，2017年获八一勋章。

马恒昌

　　马恒昌（1907—1985），男，汉族，中共党员，1907年7月生，辽宁辽阳人，生前系黑龙江省齐齐哈尔第二机床厂机械师、党委副书记，"马恒昌小组"创始人。1951年，"马恒昌小组"通过《工人日报》发出开展爱国主义劳动竞赛的倡议，得到全国1.8万个班组的积极响应。小组先后有3人被评为全国劳动模范，12人被评为省劳动模范，3人被授予全国五一劳动奖章，1人当选全国人大常委会委员，小组5次被命名为国家级先进集体，54次受到省部级的表彰奖励。第一至六届全国人大代表，荣获全国劳动模范荣誉称号，2009年当选100位新中国成立以来感动中国人物。

马海德

马海德（1910—1988），原名乔治·海德姆，祖籍黎巴嫩，1910年9月出生于美国，生前系原卫生部顾问，北京阜外医院医生。1933年取得日内瓦医科大学医学博士学位后，来到上海考察东方热带病。1950年加入中国国籍，协助组建中央皮肤性病研究所，致力于性病和麻风病的防治和研究，并取得世界范围内的成果。马海德还是一位十分活跃的社会活动家和人民外交家，在国际交往中他总是以亲身经历和所见所闻，生动地宣传、介绍新中国的伟大成就，为促进中国人民与世界各国人民之间的了解和友谊作出了贡献。第五届全国政协委员，第六、七届全国政协常委，荣获新中国卫生事业的先驱荣誉称号，2009年当选100位新中国成立以来感动中国人物。

马寅初

马寅初（1882—1982），男，汉族，无党派人士，1882年6月生，浙江嵊州人，著名经济学家、人口学家和教育家，生前系北京大学校长。他毕生从事经济学教学与研究工作，为国民经济综合平衡、稳定物价、控制人口等重大问题献计献策，为国家经济建设和经济科学、人口科学学科建设作出卓越贡献。他一生热爱祖国，坚持真理，追求进步，是中国共产党的诤友。新中国成立后，在社会主义革命和建设中，特别是在发展我国文化教育和经济事业方面作出了重要贡献。他认真严谨的治学态度和坚持真理的无私精神，为后辈学人树立了榜样。第一、二届全国人大常委会委员，第一、三届全国政协委员，第二、四届全国政协常委，荣获首届中华人口奖特别荣誉奖。

马善祥

马善祥，男，回族，中共党员，1955 年 11 月生，四川隆昌人，重庆市江北区观音桥街道人民调解委员会"老马工作室"负责人。他热爱群众工作，对群众充满感情，将一心为民的信念贯彻工作始终，把让群众满意作为价值追求。从事人民调解和群众思想政治工作近 30 年，撰写 152 本 520 多万字工作笔记，成功化解 2000 多件矛盾纠纷，维护了辖区和谐稳定，在学习实践中总结出"民为本、义致和"六字理念、遵循"情、理、法、事"十三要则、依托"3441"保障制度、老马"三十六策"等一整套"老马工作法"。第十三届全国人大代表，荣获改革先锋、时代楷模、全国优秀共产党员、全国先进工作者等荣誉称号。

乌国庆

乌国庆（1936—2019），男，蒙古族，中共党员，1936 年 12 月生，内蒙古宁城人，刑事技术高级工程师，生前系公安部刑侦局巡视员、特邀刑侦专家，公安部科技委委员，国家处置爆炸恐怖袭击事件咨询组专家，新中国培养的第一代刑侦专家。他是一名一辈子奋战在刑侦一线的"老兵"，50 多年来参与侦破了几乎所有国内外有重大影响的特大案件和疑难案件，无一错案。他也是一位诲人不倦的良师，为国家培养了无数刑侦领域的后起之秀。2019 年 6 月因病去世。多次荣立个人一、二、三等功，荣获全国民族团结进步模范、全国先进工作者、全国公安系统一级英雄模范、全国公安战线英雄模范等荣誉称号。

孔祥瑞

孔祥瑞，男，汉族，中共党员，1955年1月生，天津市人，天津港中煤华能煤码头有限公司孔祥瑞操作队原党支部书记、队长，天津港（集团）有限公司科学技术协会原副主席。参加工作以来，他坚持边干边学，学以致用，练就了"听音断病"的绝活，成为"门机大王""排障能手"，从一位初中文化的工人成长为生产一线的"蓝领专家"。主持"降低皮带机万吨故障时间"等各类技术创新项目180多项，为企业节约增效过亿元，多次填补了我国港口系统设备接卸煤炭的技术空白。党的十七大、十八大代表，荣获全国优秀共产党员、全国劳动模范等荣誉称号，2009年当选100位新中国成立以来感动中国人物。

孔繁森

孔繁森（1944—1994），男，汉族，中共党员，1944年7月生，山东聊城人，生前系西藏自治区阿里地区地委书记。1979年开始，他两次进藏工作，勤政为民，促进当地经济社会发展和民族团结。1992年底孔繁森第二次援藏工作结束后，被任命为阿里地委书记。为了摸清情况，他探索带领群众脱贫致富的路子，跑遍了全地区106个乡中的98个，行程8万多公里，与藏族群众结下了深厚友谊。1994年11月，完成任务返回阿里途中遭遇车祸，以身殉职，被追授为模范共产党员、优秀领导干部称号，荣获改革先锋、全国民族团结进步模范、全国先进工作者等荣誉称号，2009年当选100位新中国成立以来感动中国人物。

支月英

支月英，女，汉族，中共党员，1961年5月生，江西进贤人，江西省奉新县澡下镇白洋教学点负责人。1980年，19岁的她只身来到海拔近千米、交通不便的泥洋小学，成为一名深山女教师。39年来，从"支姐姐"到"支妈妈"，再到"支奶奶"，她绚烂了两代人的童年，花白了自己的"麻花辫"。第十三届全国人大代表，荣获全国优秀共产党员、全国模范教师、全国岗位学雷锋标兵、全国师德楷模、全国教书育人楷模、全国三八红旗手等荣誉称号。

文花枝

文花枝，女，汉族，中共党员，1982年11月生，湖南湘潭人，湖南省湘潭市文化旅游广电体育局副主任科员。2005年8月，在旅游团遭遇严重车祸的生死关头，她把生的希望让给游客，把死的威胁留给自己，兑现了诚实守信、服务游客的诺言。因为延误了宝贵的救治时间，造成左腿高位截肢。2015年，她主动请缨参加精准扶贫工作，到韶山乡平里村（原韶西村）任第一书记，是湘潭市首批驻村帮扶工作队唯一一名女干部。驻村期间，她走访调研提炼出的《村民最关心关注问题解决计划一览表》在两年内全部落实解决，平里村一举摘掉了"省定贫困村"与"湘潭市基层组织软弱涣散村"两顶帽子。荣获全国三八红旗手荣誉称号，2009年当选100位新中国成立以来感动中国人物。

文朝荣

文朝荣（1942—2014），男，彝族，中共党员，1942年3月生，贵州赫章人，生前系贵州省赫章县河镇彝族苗族乡海雀村党支部书记。面对海雀村的贫困现实与群众的期盼，文朝荣带领群众在荒山上种植华山松、马尾松共13400亩，森林覆盖率从不足5%上升到70.4%，他带领群众齐心协力扶贫攻坚，全村农民人均纯收入从1988年33元增加到2017年8943元。在他的不懈奋斗下，海雀村守住了发展和生态两条底线，村容村貌发生了翻天覆地的变化，被国家绿化委评为全国绿化千佳村。2014年2月，积劳成疾，因病去世。荣获时代楷模称号，被追授为全国优秀共产党员。

方 工

方工，男，回族，中共党员，1951 年 5 月生，河北易县人，北京市人民检察院原党组成员、副检察长。1979 年至 2013 年在北京市人民检察院工作，从检 34 年承办 3000 余件案件都经得起检验，曾出色办理一系列社会高度关注的大案要案。荣获全国五一劳动奖章、全国模范检察官、中国十大杰出检察官等荣誉称号。

毛岸英

毛岸英（1922—1950），男，汉族，中共党员，1922年10月生，湖南韶山人，生前系中国人民志愿军司令部俄语翻译、秘书。8岁时，由于母亲杨开慧被捕入狱，他被敌人关进牢房。杨开慧牺牲后，中共地下党组织安排毛岸英和两个弟弟来到上海。由于地下党组织遭到破坏，毛岸英兄弟流落街头。1936年，他被安排到苏联学习，曾参加苏联卫国战争，1946年回到延安。他在解放区搞过土改，做过宣传工作，当过秘书。新中国成立初期，担任过工厂的党支部副书记。1950年，新婚不久的毛岸英主动请求参加抗美援朝，11月25日上午，美军轰炸机在志愿军司令部上空投下几十枚凝固汽油弹，正在作战室紧张工作的毛岸英壮烈牺牲，年仅28岁。2009年当选100位新中国成立以来感动中国人物。

毛秉华

毛秉华（1929—2018），男，汉族，中共党员，1929 年 1 月生，江西泰和人，生前系江西省井冈山市财政局离休干部。他五十年如一日宣讲井冈山精神，累计达 2 万余场，听众超过 220 万人，受到群众广泛欢迎。依托"毛秉华工作室"，培育了一批又一批井冈山精神宣讲员，使井冈山精神宣传呈燎原之势。他先后为井冈山红色工程和学校筹集社会资金 1100 多万元，个人累计捐款 30 余万元，帮助 180 多名家庭贫困学生完成学业。荣获全国优秀共产党员、全国五一劳动奖章、全国道德模范等荣誉称号。

王 伟

王伟（1968—2001），男，汉族，中共党员，1968年4月生，浙江湖州人，1986年6月入伍，生前系原南海舰队航空兵某团中队长，一级飞行员。2001年4月，在执行对美军电子侦察机跟踪监视飞行任务时，为保卫祖国领空，遭美机撞击被迫跳伞坠海壮烈牺牲。被中央军委追授海空卫士荣誉称号，被追授中国青年五四奖章。

王 刚

　　王刚，男，汉族，中共党员，1972 年 12 月生，新疆阿克苏人，1991 年 12 月入伍，武警新疆总队某支队支队长。入伍 28 年来，他始终牢记使命职责，忠诚于党、忠于人民，精武强能、一心务战，勇于担当、敬业奉献，带领部队打赢反恐维稳战斗 10 余次，参加抢险救灾和重大临时性任务 30 多次。荣立一等功 2 次、二等功 1 次、三等功 12 次，被武警部队评为中国武警十大忠诚卫士、反恐维稳先进个人，2017 年获八一勋章。

王　昆

　　王昆（1925—2014），女，汉族，中共党员，1925年4月生，河北唐县人，生前系东方歌舞团团长、党委书记。我国著名歌唱家、歌剧表演艺术家、声乐教育家。她一生致力于中国民族声乐的发展，是新中国第一部歌剧《白毛女》主角喜儿的扮演者，主唱的《南泥湾》《北风吹》《农友歌》等歌曲载入中国音乐发展史册。多次受到党和国家领导人接见，多次率团访问亚洲、非洲、拉丁美洲和欧美许多国家。她热心公益，捐赠100万元资助贫寒子弟。党的十一大代表，第一、二、三届全国人大代表，第五、六、七、八届全国政协委员。荣获中国首届金唱片奖、中国音乐金钟奖终身成就奖等荣誉。

王　杰

王杰（1942—1965），男，汉族，中共党员，1942年10月生，山东金乡人，1961年8月入伍，生前系中国人民解放军原73081部队工兵营一连五班班长。1965年7月，他奉命到驻地执行训练民兵任务，在炸药发生意外爆炸的危急时刻，毅然扑向炸点，用身体掩护12名民兵和人民武装部干部，英勇地献出了年轻的生命。毛泽东、周恩来、朱德等老一辈无产阶级革命家对他的先进事迹给予高度赞扬，号召全国人民学习王杰同志"一不怕苦、二不怕死"的革命精神。先后两次荣立三等功，荣获模范共青团员和一级技术能手称号。2009年当选100位新中国成立以来感动中国人物。

王 波

　　王波，女，汉族，中共党员，1963年3月生，湖北随州人，湖北省武汉市江岸区百步亭社区党委副书记、管委会主任，百步亭集团总裁。1995年，她放弃大学三尺讲台来到百步亭社区，扎根基层24年，创建了一个居住18万人的绿色文明和谐幸福家园。她积极推进社区党建工作创新，形成了"百步亭社区党建工作法"，2012年中组部向全国推广；她广泛发动居民参与志愿服务，邻里守望志愿服务影响全国。百步亭社区荣获全国文明社区、首届中国人居环境范例奖。党的十七、十八、十九大代表，荣获全国优秀党务工作者、全国最美城乡社区工作者、全国三八红旗手、全国优秀志愿者等荣誉称号。

王　选

　　王选（1937—2006），男，汉族，九三学社社员，1937年2月生，江苏无锡人，生前系北京大学计算机科学技术研究所所长，两院院士。他主持研制成功的汉字信息处理与激光照排系统、方正彩色出版系统得到大规模应用，实现了我国出版印刷行业"告别铅与火，迈入光和电"的技术革命，成为我国自主创新和用高新技术改造传统行业的典范。他主持开发的电子出版系统，引发报业和印刷业四次技术革新，使汉字信息处理与激光照排系统占领99％国内报业和80％海外华文报业市场。九三学社第九、十、十一届中央副主席，第九届全国人大常委会委员、教科文卫委员会副主任，第八届全国政协委员，第十届全国政协副主席，荣获改革先锋、国家最高科学技术奖等荣誉。2009年当选100位新中国成立以来感动中国人物。

王 瑛

王瑛（1961—2008），女，回族，中共党员，1961年11月生，四川巴中人，生前系四川省南江县委常委、纪委书记。她奋战在纪检监察一线20年，探索创新纪检监察工作为民服务零距离、干群关系零隔阂、监督监察零空档、案件查处零搁置、再塑形象零起点的"五个零"工作法，严格监督执纪问责，坚决维护党的纪律、国家法律权威，营造风清气正的良好环境。她对党忠诚，鞠躬尽瘁，身患肺癌战斗到生命的最后一刻，用实际行动诠释了全心全意为人民服务的宗旨。荣获改革先锋、全国优秀共产党员、全国三八红旗手、全国纪检监察系统先进工作者标兵等荣誉称号。

王书茂

王书茂，男，汉族，中共党员，1956年12月生，海南琼海人，海南省琼海市潭门镇潭门村党支部纪检委员、潭门镇海上民兵连副连长。他积极投身维护南海领土主权和海洋权益，先后参加多项国家重大涉海工作，培养南海维权民间力量。在南海维权中敢于斗争，充分发挥了民间力量的积极作用。带领群众造大船、闯远海，成为潭门镇带头致富、带领群众致富的"双带"典型。第十三届全国人大代表，荣获改革先锋、全国劳动模范等荣誉称号。

王文教

王文教，男，汉族，中共党员，1933 年 11 月生，福建南安人，原国家羽毛球队总教练。1954年，他为振兴新中国羽毛球事业，从印尼回到祖国，曾多次获得全国羽毛球赛男子单打、双打冠军。退役后先后执教福建羽毛球队、国家羽毛球队，在他任总教练期间，中国羽毛球队获得了1982、1986、1988、1990 年汤姆斯杯团体赛冠军，涌现出 56 个世界单项冠军。第五、六届全国政协委员。荣获国际羽联终身成就奖。

王乐义

　　王乐义，男，汉族，中共党员，1941年11月
生，山东寿光人，山东省寿光市孙家集街道三元朱
村党支部书记、村主任。1989年，他带领村民研
制成功了深冬无需用煤炭而靠太阳能加温的冬暖式
蔬菜大棚，结束了我国北方冬季吃不上新鲜蔬菜的
历史，在广大农村掀起了一场"绿色革命"。多年
来，他带领三元朱人不断创新突破，将大棚建设技
术先后与中国农科院、山东农业大学等7个科研单
位和大专院校挂钩，引进国内外26类420多个名
优新品种，试验推广50多项种植新技术。荣获全
国劳动模范、全国优秀共产党员、全国诚实守信模
范等荣誉称号，2009年当选100位新中国成立以
来感动中国人物。

王永志

　　王永志，男，汉族，中共党员，1932年11月生，辽宁昌图人，原总装备部某工程设计师、研究员，中国工程院院士。他是我国"两弹一星"工程重要技术骨干，第二代远程战略导弹技术带头人，载人航天工程首任总设计师，先后参加和主持了多个火箭型号研制设计，为国防科技事业作出了卓越贡献。获全国科学大会奖1项，国家科技进步奖特等奖和一等奖各2项，获国家最高科学技术奖、何梁何利科学技术奖、军队专业技术重大贡献奖。2005年被中央军委授予载人航天功勋科学家荣誉称号。

王传喜

王传喜，男，汉族，中共党员，1968 年 9 月生，山东兰陵人，山东省兰陵县卞庄街道代村党委书记、村委会主任。在他的带领下，经过 20 年的努力，代村由当初的落后村，一跃成为各业总产值 28 亿元、纯收入 1.2 亿元、村民人均纯收入 6.8 万元的先进村，先后荣获"全国文明村镇创建工作先进村镇""中国美丽乡村"等称号。党的十九大代表，荣获时代楷模、全国劳动模范、全国优秀共产党员等荣誉称号。

王有德

王有德，男，回族，中共党员，1953年9月生，宁夏灵武人，宁夏回族自治区灵武市白芨滩国家级自然保护区管理局原党委书记、局长。他以坚韧的毅力和"宁肯掉下十斤肉，不让生态落了后"的拼搏干劲，团结带领白芨滩林场职工营造防风固沙林60多万亩，控制流沙近百万亩，在浩瀚的毛乌素沙漠边缘筑起了一道南北长61公里、东西宽30公里的绿色屏障，有效地阻止了毛乌素沙漠的南移和西扩，为生态保护作出了积极贡献。荣获改革先锋称号，2009年当选100位新中国成立以来感动中国人物。

王伯祥

王伯祥，男，汉族，中共党员，1943年2月生，山东寿光人，山东省潍坊市委原副书记、市长，原寿光县委书记。任寿光县委书记期间，发挥种植蔬菜传统优势，大力发展蔬菜批发市场，扶持冬暖式蔬菜大棚试验推广，改写了农业历史；提出"突破北部"战略，连续3年组织20万劳动力开发寿北，把占全县总面积60%的不毛之地变成全县的"粮仓"；主持上马一批重点项目，大胆起用优秀企业经营人才，较早实行企业股份制改造，使寿光工业总产值翻了三番，为进入全国百强县打下坚实基础。荣获改革先锋、全国优秀共产党员等荣誉称号。

王启民

王启民，男，汉族，中共党员，1937年9月生，浙江湖州人，大庆油田有限责任公司原总经理助理、原副总地质师。他传承弘扬"大庆精神"和"铁人精神"，坚持"宁肯把心血熬干，也要让油田稳产再高产"的信念，攻克一道道技术难关，创造多项世界纪录。主持研究并提出了"分阶段多次布井开发调整"理论，其中表外储层开发利用打破了国内外认为不能开采的禁区；主持的油田高含水后期"稳油控水"项目研究，为大庆油田实现27年5000万吨以上高产高效持续开发作出重要贡献。荣获改革先锋、全国优秀共产党员、全国先进工作者等荣誉称号。2009年当选100位新中国成立以来感动中国人物。

王进喜

　　王进喜（1923—1970），男，汉族，中共党员，1923 年 10 月生，甘肃玉门人，生前系大庆油田 1205 钻井队队长、钻井指挥部副指挥。他率领 1205 钻井队"有条件要上，没有条件创造条件也要上"，人拉肩扛运钻机、破冰端水保开钻、勇跳泥浆池制井喷，以"宁肯少活二十年，拼命也要拿下大油田"的顽强意志和冲天干劲，打出了大庆石油会战第一口油井，创造了年进尺 10 万米的世界钻井纪录。他把一生献给了我国石油工业，为新中国社会主义建设作出了突出贡献，被誉为"铁人"，铁人精神成为中华民族的宝贵精神财富。荣获全国劳动模范称号，2009 年当选 100 位新中国成立以来感动中国人物。

王忠心

王忠心，男，汉族，1968年9月生，安徽休宁人，1986年12月入伍，火箭军某旅技术营测试连班长。他从军33年，担任班长29年，熟练操作3种型号导弹、精通19个导弹测控岗位、执行重大任务30余次、参加实装操作1500多次、排除故障200多起。第十二届全国人大代表，荣立二等功1次、三等功2次，4次荣获全军士官优秀人才奖，被表彰为全军爱军精武标兵、优秀共产党员、全国道德模范、践行强军目标模范士官，2017年获八一勋章。

王忠诚

王忠诚（1925—2012），男，汉族，中共党员，1925 年 12 月生，北京市人，生前系首都医科大学附属北京天坛医院名誉院长，北京市神经外科研究所所长，中国工程院院士。他主持创建北京市神经外科研究所和北京天坛医院，撰写我国第一部《脑血管造影术》专著，组织神经流行病学调查工作；率先在国内开展显微神经外科手术，攻克神经外科手术的一些世界性医学难题，提出四大神经外科理论；带领团队研制出国产导管、球囊栓塞等动脉瘤栓塞材料，填补我国相关医学领域空白。荣获国家最高科学技术奖。

王泽山

王泽山，男，汉族，中共党员，1935年9月生，吉林省吉林人，南京理工大学教授，中国工程院院士。他始终以"强军兴国"为使命，在火炸药领域潜心研究，创立"发射装药学"，注重探究科学原理、突破关键技术、推动转化应用"三位一体"，在废弃火炸药无公害化处理与再利用、含能材料低温感技术、等模块装药等方面突破了多项世界性瓶颈技术，推动中国火炸药研究应用从跟踪仿制跨入自主创新和引领发展，为实现中国武器装备现代化和推进军民融合发展作出了重要贡献。荣获国家最高科学技术奖、全国优秀科技工作者等荣誉称号。

王顺友

王顺友（1965—2021），男，苗族，中共党员，1965 年 10 月生，四川木里人，四川省凉山州邮政公司副调研员，木里县邮政公司党支部专职副书记。1985 年，他开始从事邮件投递工作，33 年坚守在邮政投递岗位上，在平凡的岗位上默默奉献，为邮政投递事业作出了积极贡献，被人们称为"马班邮路上的忠诚信使"。党的十八大代表，荣获全国优秀共产党员、全国劳动模范、全国道德模范等荣誉称号。2009 年当选 100 位新中国成立以来感动中国人物。

王继才、王仕花夫妇

王继才（1960—2018），男，汉族，中共党员，1960年4月生，江苏灌云人，生前系江苏省灌云县开山岛民兵哨所所长、党支部书记。王仕花，女，汉族，中共党员，1961年11月生，江苏灌云人，王继才逝世后，她于2018年12月任开山岛民兵哨所名誉所长。1986年7月，王继才奉命守卫黄海前哨开山岛，妻子王仕花也登岛驻守。32年来，他们以海岛为家，与艰苦为伴，无怨无悔，把青春年华全部献给了祖国海防事业。2018年，习近平总书记对王继才先进事迹作出重要指示，强调要大力倡导爱国奉献精神，使之成为新时代奋斗者的价值追求。王继才、王仕花夫妇荣获时代楷模、全国爱国拥军模范等荣誉称号，王继才被追授全国优秀共产党员称号，王仕花荣获全国三八红旗手荣誉称号。

王崇伦

王崇伦（1927—2002），男，汉族，中共党员，1927年7月生，辽宁辽阳人，生前系鞍钢工会主席，中华全国总工会副主席、书记处书记、党组成员。先后14次受到毛泽东、周恩来、朱德、邓小平等党和国家领导人的接见。在鞍钢机修总厂工作期间，王崇伦改进了机加工车床8种工、卡具，提高工效5至10倍，其中新型工具胎即"万能工具胎"，提高工效6至7倍，被誉为"走在时间前面的人"。党的十二大代表、第一至第五届全国人大代表、第七届全国政协委员，荣获全国劳动模范等荣誉称号。

王辅成

王辅成，男，汉族，中共党员，1940年6月生，天津市人，天津师范大学原副校级巡视员、关心下一代工作委员会副主任。他始终坚持宣讲"世界观、人生观、价值观"——1500多场义务宣讲，40余万观众思想共鸣，几十万元爱心捐款，用实际行动践行着一名老教师、老党员的信仰。宣讲"三观"，他有"约法五章"：站着讲；脱稿讲，体现对听者尊重；不计报酬讲，如果非要给也会无偿捐献；不接送；不吃饭，不给别人添任何麻烦。他演讲不用多媒体辅助，却声声入耳、引人入胜。荣获全国道德模范提名奖、全国未成年人思想道德建设工作先进工作者、全国关心下一代最美五老等荣誉称号。

王逸平

王逸平（1963—2018），男，汉族，中共党员，1963 年 2 月生，上海市人。生前系中科院上海药物研究所研究员、博士生导师、药理室心血管药理实验室研究组长，兼任中国药理学会理事、《中国药理学报》编委。他追求卓越、锐意创新，先后完成 50 多项新药药效学评价，构建了完整的心血管药物研发平台和体系。始终把解除人民群众病痛作为人生追求，研发现代中药丹参多酚酸盐，造福 2000 多万患者。坚韧执着、奋发忘我，以顽强的毅力和乐观的精神，与病魔不懈抗争，默默无闻投身科研。2018 年 4 月因病离世，年仅 55 岁。被追授时代楷模称号。

邓迎香

邓迎香，女，汉族，中共党员，1972 年 10 月生，贵州罗甸人，贵州省罗甸县沫阳镇麻怀村党支部书记。为改变家乡贫困落后面貌，她不等不靠、敢闯敢干、艰苦奋斗，带领村民发扬"愚公精神"，在悬崖峭壁上硬生生凿出一条"麻怀出路"，凿开了通往富裕的新希望。她面对困难毫不畏惧，面对脱贫充满信心，是当之无愧敢于冲锋在前、勇于担当重任的"领头雁"。获全国脱贫攻坚奋进奖，荣获全国优秀共产党员、全国三八红旗手标兵、全国社会扶贫先进个人等荣誉称号。

邓前堆

邓前堆，男，怒族，中共党员，1964 年 3 月生，云南福贡人，云南省福贡县石月亮乡拉马底村乡村医生。他情系乡村，扎根基层，以"救死扶伤"为己任，二十九年如一日依靠一副溜梆横跨怒江，冒着生命危险来往于索道两岸村寨，为群众出诊治病解忧，用坚守换来了百姓的健康，以实际行动实践着一位乡村医生的理想与信念，被人们亲切地称呼为"索道医生"。荣获全国优秀共产党员、全国卫生系统先进个人等荣誉称号，获全国五一劳动奖章、白求恩奖章。

韦昌进

　　韦昌进，男，汉族，中共党员，1965 年 11 月生，江苏溧水人，1983 年 10 月入伍，上海警备区副政委。1985 年，他在执行重大军事行动任务中，身负重伤，荣立一等功，被中央军委授予战斗英雄荣誉称号。几十年来，他始终保持革命军人的本色，在不同的岗位建功立业。1987 年出席全军英雄模范代表会议。荣获改革先锋、全国自强模范称号，2017 年获八一勋章。

巨晓林

　　巨晓林，男，汉族，中共党员，1962年9月生，陕西岐山人，中国中铁电气化局一公司高铁分公司技术员、工匠技师，全国总工会兼职副主席、国家监察委特约监察员。参加工作30多年，他先后参加大秦线、京郑线、京沪线、京秦线、哈大线、京福高速铁路等十几项国家铁路重点工程建设，从一名普通农民工成长为知识型企业职工的优秀代表、大国工匠。主编《接触网施工经验和方法》，成为接触网工作者的必备工具书。荣获改革先锋、全国劳动模范、全国创先争优优秀共产党员等荣誉称号，获全国五一劳动奖章、中华技能大奖。

兰　辉

　　兰辉（1965—2013），男，回族，中共党员，1965 年 4 月生，四川北川人，生前系四川省北川羌族自治县副县长。参加工作近 30 年来，他始终把党的事业和人民群众放在心中最高位置。"5·12"汶川特大地震，强忍失去 3 位亲人的悲痛，始终战斗在抢险救灾、灾后恢复重建一线。任副县长以来，坚持深入一线，平均每天行车 200 多公里，即使生病住院动手术也不丢下工作，生命最后一刻还奋战在交通建设和防汛现场。2013 年 5 月因公殉职，年仅 48 岁。同年 9 月，习近平总书记作出重要批示，号召广大党员干部向践行党的群众路线的好干部兰辉同志学习。荣获全国优秀共产党员、全国"人民满意的公务员"、全国五一劳动奖章等荣誉称号。

冉绍之

冉绍之，男，汉族，中共党员，1953年5月生，重庆奉节人，重庆市奉节县移民局原副调研员。他心系国家大局和移民利益，深入细致做好移民的思想政治工作，落实移民生产、生活安置等问题。积极投身三峡库区建设，成功创造"江边一条路、路边一排房、房前工商业、房后种果粮"的移民后靠安置做法。大胆探索三峡库区多元化发展格局，带领群众配套新建人畜饮水和灌溉蓄水工程，修建排水堰和移民公路，开发果园和耕地，圆满完成三峡移民外迁内安任务。荣获改革先锋、全国优秀共产党员、全国先进工作者、人民满意的公务员等荣誉称号。

包起帆

包起帆，男，汉族，中共党员，1951年2月生，浙江镇海人，上海国际港务（集团）股份有限公司原副总裁。他带领团队主动创新，研发新型抓斗及工艺系统，推进港口装卸机械化。参与开辟上海港首条内贸标准集装箱航线，建设我国首座集装箱自动化无人堆场，积极推进我国首套散矿装卸设备系统的研发，领衔制定集装箱—RFID货运标签系统国际标准。荣获改革先锋、全国优秀共产党员、全国道德模范等荣誉称号，连续五届被评为全国劳动模范，多次荣获国家发明奖、国家科学技术进步奖、全国五一劳动奖章。2009年当选100位新中国成立以来感动中国人物。

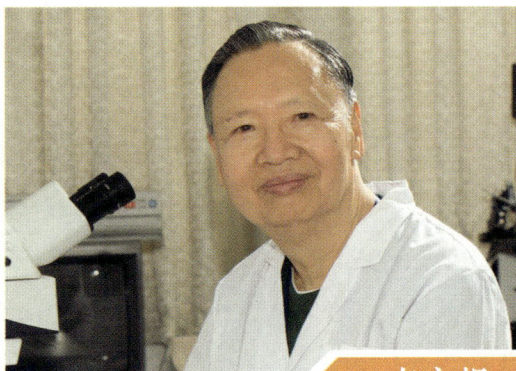

卢永根

卢永根（1930—2019），男，汉族，中共党员，1930年12月生，广东花都人，生前系华南农业大学校长、教授，国务院学位委员会委员，中国科学院院士。长期从事作物遗传学的教学和研究工作，研究领域包括稻的遗传资源、水稻的经济性状遗传、稻的雄性不育遗传和栽培稻的杂种不育性遗传等。2017年罹患癌症后，他将毕生积蓄8809446元无偿捐献给华南农业大学。学校用这笔款项设立了教育基金，用于奖励贫困学生与优秀青年教师。荣获全国模范教师荣誉称号。

史光柱

史光柱，男，汉族，中共党员，1963年4月生，云南马龙人，1982年1月入伍，中国人民解放军原77283部队副政治委员。1984年边境作战中，他在4次负伤、8处重伤、双目失明的情况下，坚持完成战斗。荣立一等功1次、二等功2次、三等功2次，被中央军委授予战斗英雄荣誉称号，2009年当选100位新中国成立以来感动中国人物。

史来贺

史来贺（1930—2003），男，汉族，中共党员，1930 年 7 月生，河南新乡人。自 1952 年起，他先后担任河南省新乡县刘庄村党支部书记、党总支书记、党委书记、村委会主任、农工商总公司总经理。他艰苦奋斗、带头实干、带头吃亏，带领群众把刘庄 700 多块高低不平的土地改造成现代化农业园区；以畜牧业为突破口，推进村办集体企业逐步发展壮大，农、工、副、牧、林业齐头并进，集体经济实力不断增强；重视新农村建设，自 1976 年起全村别墅楼房已更新三代，村民安居乐业。党的十三至十六大代表，第三、五、六、七、八、九、十届全国人大代表，荣获全国优秀共产党员荣誉称号。2009 年当选 100 位新中国成立以来感动中国人物。

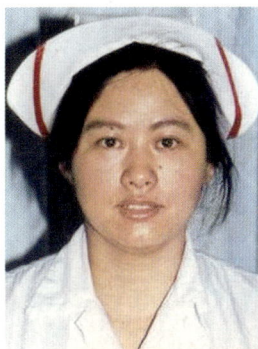

叶 欣

叶欣（1956—2003），女，汉族，中共党员，1956年7月生，广东徐闻人，生前系广东省中医院二沙岛分院急诊科护士长。1974年被招进广东省中医院卫训队学习，1976年毕业，因护理能力测试成绩名列前茅留院工作。2003年春节前后，"非典"疫情形势逐渐严峻，急诊科护士力量出现明显不足，她主动申请加班，在抢救"非典"病人过程中，不幸染上非典型肺炎。3月25日凌晨，她经抢救无效去世，年仅47岁，被追授全国优秀共产党员、人民健康好卫士称号。荣获白求恩奖章、南丁格尔奖章，2009年当选100位新中国成立以来感动中国人物。

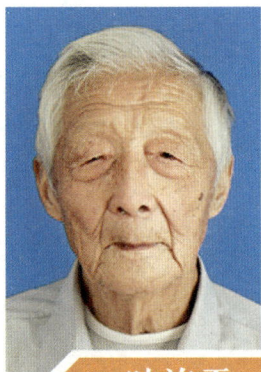

叶连平

　　叶连平，男，汉族，中共党员，1928年9月生，河北沧州人，安徽省和县卜陈学校退休教师。自1978年从教，叶连平始终坚守在三尺讲台，为乡村教育奉献了40多年；坚持为学生义务辅导，退休后自费开办家庭课堂"留守未成年人之家"，辅导学生1000余名。2012年设立"叶连平奖学金"，在社会各方的支持下，累计发放10万多元，奖励资助了132个孩子。荣获全国中小学德育先进个人等荣誉称号。

叶培建

叶培建，男，汉族，中共党员，1945年1月生，江苏泰兴人，中国空间技术研究院技术顾问、研究员，中国科学院院士。他是嫦娥一号总设计师兼总指挥，嫦娥三号首席科学家，嫦娥二号、嫦娥四号、嫦娥五号试验器总指挥、总设计师顾问，在各号嫦娥方案的选择和确定、关键技术攻关、大型试验策划与验证、嫦娥四号首次实现月背软着陆等方面发挥了重要作用。荣获国家科学技术进步奖特等奖。

尼玛顿珠

尼玛顿珠，男，藏族，中共党员，1965 年 6 月生，西藏改则人，西藏自治区改则县物玛乡抢古村党支部书记。尼玛顿珠创新方式，用以牲畜入股、劳动力入股等"四个入股"方式参与合作社运营，探索总结出劳动力统一安排、畜产品统一购销、无劳动力者和孤寡老人统一供养等"六个统一"模式，促进了牧户与村经营主体"联产联业""联股联心"，实现了由过去的粗放式经营向集约化经营转变，确保了群众收入有保障、可持续。荣获改革先锋、全国道德模范等荣誉称号。

布茹玛汗·毛勒朵

　　布茹玛汗·毛勒朵，女，柯尔克孜族，中共党员，1942年6月生，新疆乌恰人，新疆维吾尔自治区乌恰县吉根乡护边员。她长期扎根于祖国边疆，无怨无悔、默默无闻地将青春年华奉献给祖国的守边事业，在平均海拔4000米以上的冬古拉玛边防线上五十多年如一日巡边护边，每天最少要走20公里山路，在她守护的山口，创造出无一例人畜越境事件的守边业绩。她积极宣传爱国护边工作，在边境线的许多石头上刻下"中国"两个字，这些"中国石"成为当地护边守边、彰显爱国情怀的象征。荣获全国爱国拥军模范、全国三八红旗手、全国民族团结进步模范个人。

甘远志

　　甘远志（1965—2004），男，汉族，中共党员，1965 年 2 月生，四川广安人，生前系海南日报社经济部主任记者。1986 年秋天，他从四川大学中文系毕业后，回到家乡成为南充日报记者、编辑，1992 年荣获"南充地区新长征突击手"称号。2001 年他应聘到海南日报记者岗位，在海南日报社工作 1095 天，发表稿件达 1051 篇，有 162 篇被报社评为好稿。2004 年 9 月 4 日，甘远志在海南省东方市采访途中突发心脏病，不幸逝世，年仅 39 岁。2009 年当选 100 位新中国成立以来感动中国人物。

甘祖昌、龚全珍夫妇

　　甘祖昌（1905—1986），男，汉族，中共党员，1905 年 3 月生，江西莲花人。1928 年参加中国工农红军，新中国成立后任新疆军区后勤部部长，1955 年被授予少将军衔，荣获八一勋章、独立自由勋章、解放勋章等。1957 年，他因公受伤，伤愈后，谢绝组织安排，回到家乡莲花县沿背村当农民。他密切联系群众，与群众同甘共苦，把绝大部分收入都用来为家乡修水利、建电站，为促进家乡的经济发展作出了重要贡献。1986 年 3 月因病去世。龚全珍，女，汉族，中共党员，1923 年 12 月生，山东烟台人，莲花县南陂小学原校长。1949 年 5 月参加革命工作，1952 年 6 月加入中国共产党。1957 年跟随丈夫来到沿背村，从此扎根基层，在乡村教师的平凡岗位上奉献数十年，践行着共产党人的初心和使命。龚全珍荣获全国优秀共产党员、全国劳动模范、全国道德模范、全国三八红旗手标兵等荣誉称号。

申纪兰

　　申纪兰（1929—2020），女，汉族，中共党员，1929 年 12 月生，山西平顺人，山西省平顺县西沟村党总支副书记。新中国成立以来，她带领西沟村人不断探索山区发展道路，发展农、林、牧、副生产，治山治沟、兴企办厂，逐浪市场经济大潮，奋力建设小康新村，西沟村的发展始终走在山西前列。连续当选 13 届全国人大代表，荣获改革先锋、全国劳动模范、全国优秀共产党员、全国道德模范、全国三八红旗手标兵等荣誉称号。2009 年当选 100 位新中国成立以来感动中国人物。

申亮亮

申亮亮（1987—2016），男，汉族，中共党员，1987年8月生，河南温县人，生前系65307部队70分队班长。他从军报国信念坚定，军事技能训练刻苦，熟练掌握连属主战装备，精通运输车、瞄杆钻车、挖掘装载机等装备操作，成为"一专多能"型骨干，入选集团军百名专业技术能手人才库。2016年5月赴马里执行第四批维和任务，在执行任务中遭遇恐怖袭击，他果断指挥战友向目标射击，在汽车炸弹爆炸瞬间将战友推离，用自己的生命换回战友的平安。被追记一等功，荣获国家荣誉称号。

白方礼

白方礼（1913—2005），男，汉族，1913 年 6 月生，河北沧州人，生前系天津市河北运输场退休职工。1987 年，已经 74 岁的白方礼决定靠自己蹬三轮车的微薄收入帮助贫困孩子实现上学的梦想，贷款成立了"白方礼支教公司"，累计捐款 35 万元，帮助 300 多个孩子圆了上学梦。他生活俭朴，每天午饭总是两个馒头一碗白开水，无私的支教义举，被誉为"驮在车轱辘上的丰碑"。荣获全国关心下一代先进工作者等荣誉称号，2009 年当选 100 位新中国成立以来感动中国人物。

艾热提·马木提

艾热提·马木提（1969—2016），男，维吾尔族，中共党员，1969年10月生，新疆皮山人，生前系新疆维吾尔自治区和田地区皮山县公安局副局长。从警27年始终奋战在基层一线，紧紧围绕社会稳定和长治久安总目标，充分发挥反恐处突实战经验丰富的优势，事事冲锋在前，带领公安干警成功侦破一系列案件。2016年9月在搜捕公安部A级逃犯时遇自杀式爆炸袭击，身负重伤，经全力抢救无效，壮烈牺牲。他以大无畏的牺牲精神诠释了一名人民警察忠诚于党、忠诚于人民的铮铮誓言。荣获全国公安系统一级英雄模范。

任长霞

任长霞（1964—2004），女，汉族，中共党员，1964 年 2 月生，河南睢县人，生前系河南省登封市公安局党委书记、局长。她始终把人民群众的疾苦和安危放在心上，忠诚履职尽责，带领民警严厉打击违法犯罪活动，为维护一方平安作出了重要贡献，赢得了辖区群众的广泛赞誉。2004 年 4 月 14 日，在办案途中遭遇车祸，不幸因公殉职。荣立个人一、二等功各一次，荣获全国公安系统一级英模、中国十大女杰、全国三八红旗手等荣誉称号，获全国五一劳动奖章。2009 年当选 100 位新中国成立以来感动中国人物。

任红梅

任红梅，女，汉族，中共党员，1970年5月生，山西盂县人，山西省阳泉市矿区桥头街道段南沟社区党总支书记、居委会主任。她立足社区平凡岗位，践行为民服务宗旨，针对社区里空巢老人多、特殊人群多的特点，提出"一首两翼"工作法，构建"鸿雁"社区服务品牌。创新人民调解工作模式，实现"疙瘩要在基层解，鲜花要在基层开"。在她的倡议下，社区成立"亲&青FAMILY"社会工作服务中心，为社区及周边青少年提供创业就业、心理咨询等专业服务。党的十九大代表，荣获全国最美城乡社区工作者荣誉称号。

任继周

　　任继周，男，汉族，中共党员，1924 年 10 月生，山东平原人，兰州大学草地农业科技学院名誉院长、教授，中国工程院院士。他是我国草业科学的奠基人之一，食物安全和生态安全的战略科学家，其主要贡献在于提出了食物安全战略构想，提出草地农业系统，力促耕地农业转型和草地农业发展；构筑草业科学架构，强化草业经济管理，构建新型的草业学科体系。享受国务院特殊津贴、国家级有突出贡献的专家，获何梁何利科学与技术进步奖，荣获全国优秀农业科学工作者称号。

伊斯雷尔·爱泼斯坦

伊斯雷尔·爱泼斯坦（1915—2005），男，中共党员，1915 年生于波兰，1917 年随父母移居中国，生前历任《今日中国》（原《中国建设》）杂志社总编辑、中国福利会副主席、宋庆龄基金会副主席等职。1938 年在香港参加宋庆龄创建的保卫中国同盟，并任香港《南华早报》《孖剌报》编辑。抗战期间，他努力向世界人民报道中国共产党和中国人民的英勇斗争；抗战结束后，他在美国参加反对干涉中国内政的活动，积极宣传新中国诞生。1951年应宋庆龄之邀，回中国参与《中国建设》杂志创刊工作。1957 年加入中国籍，1964 年加入中国共产党。第六至十届全国政协委员、常委。

刘 芳

刘芳，女，汉族，中共党员，1971年5月生，贵州贵阳人，贵州省贵阳市白云区第三初级中学教师。从教25年来，一直扎根农村中学潜心教书育人，担任5届班主任和16年语文教师。2007年她因为视网膜色素变性导致双目失明，转型成为心理辅导老师，从此承担学校未成年人德育教育工作至今。因成绩突出，2015年贵阳市教育局成立"刘芳工作室"，2016年省教育厅为其成立"乡村名师工作室"。荣获时代楷模、全国三八红旗手、全国优秀教师等荣誉称号。

刘永坦

　　刘永坦，男，汉族，中共党员，1936 年 12 月生，江苏南京人，哈尔滨工业大学教授，两院院士，雷达与信号处理技术专家，我国对海探测新体制雷达理论的奠基人，对海远程探测技术跨越发展的引领者。致力于我国海防科技事业 40 年，带出一支作风过硬、能攻克国际前沿难题的"雷达铁军"。率领团队实现对海新体制探测理论、技术的重大突破，在成功研制我国第一部对海探测新体制雷达的基础上，陆续攻克制约新体制雷达性能发挥的系列国际性技术难题，使我国新体制雷达核心技术领跑世界，实现了我国对海探测能力的跨越式发展。荣获国家最高科学技术奖 1 次，国家科学技术进步奖一等奖 2 次。

刘传健

刘传健，男，汉族，中共党员，1972年11月生，重庆市人，四川航空股份有限公司飞行技术管理部副总经理、党支部书记。飞行28年来，他把安全飞行规章标准踏踏实实地落实到每一个航班飞行的全过程。2018年5月14日，四川航空3U8633航班高空突发驾驶舱右侧风挡玻璃爆裂脱落、座舱释压的紧急状况，刘传健和机组成员临危不乱、果断处置，保证机上128名机组人员和乘客的生命安全，避免了一场事故的发生。此次成功降落被称为民航"史诗级壮举"，创造了国际民航客运史上在极其艰难的紧急突发情况下成功处置特情的奇迹。荣获中国民航英雄机长、最美退役军人等荣誉称号，获全国五一劳动奖章。

刘英俊

刘英俊（1945—1966），男，汉族，中共党员，1945 年生，吉林长春人，生前系原沈阳军区某师重炮连战士。1962 年入伍后，时时处处以雷锋为榜样，决心做一名雷锋式的好战士。1966 年 3 月 15 日，他到佳木斯市郊外执行训练任务时，不顾个人危险，勇拦惊马救下 6 名儿童，壮烈牺牲，被追记一等功，并被追认为中国共产党正式党员。原总政治部发出向刘英俊学习的号召，刘英俊原住址所在地被命名为"英俊社区"。2009 年当选 100 位新中国成立以来感动中国人物。

刘厚彬

刘厚彬，男，汉族，中共党员，1988 年 9 月生，四川威远人，新疆生产建设兵团第十四师昆玉市司法局皮山农场司法所所长。在从事基层司法工作中，他为构建法治皮山农场作出重要贡献，皮山农场司法所成为全国模范司法所。努力践行"枫桥经验"，增强底线思维、弘扬斗争精神，严密防范、坚决打击各类渗透颠覆破坏活动、暴力恐怖活动、民族分裂活动、宗教极端活动。坚决发挥好司法行政作用，诠释忠诚的深厚内涵，彰显忠诚的伟大力量，带出了一支忠诚的基层司法行政队伍。被评为全国优秀人民调解员。

刘铭庭

刘铭庭，男，汉族，中共党员，1933年4月生，山西万荣人，中国科学院新疆生态与地理研究所原研究员，新疆于田大芸种植场场长，著名沙漠化防治专家。他承担多项国家和自治区荒漠化治理的重点科研项目，将我国柽柳属植物的综合研究及大面积推广应用提高到世界领先水平，建立了全世界第一个柽柳大芸示范基地——于田大芸种植场。在荒漠植物研究、荒漠化防治技术研究以及荒漠生态工程建设方面取得重大成果，在科学研究、成果推广、扶贫攻坚、科普宣传等方面作出突出成绩。荣获全国民族团结进步模范个人、全球荒漠化防治奖等荣誉称号，获国家科技进步奖。

向秀丽

向秀丽（1933—1959），女，汉族，中共党员，1933 年 5 月生，广东清远人，生前系广东省广州何济公制药厂工会委员、班长。1958 年 12 月 13 日晚，所在车间酒精瓶破裂起火，危及烈性易爆的金属钠，为避免金属钠爆炸引起整个厂区和附近居民区的重大火灾，她用自己的血肉之躯截住正在燃烧的酒精，避免了严重爆炸事故的发生，不幸因伤势过重，英勇牺牲，献出了年仅 26 岁的生命，被誉为"党的好女儿"。2009 年当选 100 位新中国成立以来感动中国人物。

吕玉兰

吕玉兰（1940—1993），女，汉族，中共党员，1940 年 2 月生，河北临西人，生前系河北省临西县下堡寺镇东留善固村"铁球"农业生产合作社社长，历任河北省农业厅副厅长、河北省正定县委副书记。她曾是新中国最年轻的农业合作社社长，20 世纪五六十年代，带领家乡人民造林治沙、艰苦创业的事迹传遍全国，关于她的文章《十个为什么》《农业要上去，干部要下去》更是在全国引起强烈反响。在各级领导岗位上，她始终不改劳动人民本色，不忘初心，对党忠诚，实干担当，任劳任怨，严于律己，全心全意践行着为人民服务的宗旨。荣获全国三八红旗手等荣誉称号。

吕建江

　　吕建江（1970—2017），男，汉族，中共党员，1970年4月生，河北井陉人，生前系河北省石家庄市公安局桥西分局安建桥综合警务服务站主任。他长期扎根基层，热情为民服务，积极探索运用信息化手段和新媒体平台拓展延伸群众工作，创建全省首家网上警务室，搭建起警民互动网络平台；开通全省首个民警实名微博"老吕叨叨"，编发博文一万余篇，被网友亲切地称为"叨叨哥""网上雷锋"。2017年12月积劳成疾，因病去世。荣立个人二等功1次、三等功2次，荣获时代楷模、全国公安系统二级英模等荣誉称号。

吕榕麟

吕榕麟（1963—2012），男，汉族，中共党员，1963年12月生，福建福州人，生前系福建省福州市群众路小学党总支书记、校长。吕榕麟同志热爱教育事业，长期扎根小学教育一线，努力办好人民满意的教育。他夙夜在公，殚精竭虑，把打造一流学校、培养一流教师队伍作为毕生追求，即使身患重病，仍然以常人难以想象的毅力拼搏奋斗，为人民教育事业燃尽了生命之火。注重教学改革，不懈探索科学的治校模式，积极推进教学创新，着力提高教学质量。秉持高尚师德，坚持以德育人，从不用手中权力徇私情、谋私利，赢得广大师生的爱戴和社会的尊重。2012年因病医治无效去世，年仅49岁。荣获时代楷模称号。

孙 波

    孙波，男，蒙古族，中共党员，1973 年 11 月生，辽宁宽甸人，黑龙江省鹤岗市工农区人民法院刑事审判庭审判员。他先后主审 1500 余起案件，其中大案、要案 200 余件。他处理案件的刑事附带民事调解率达 98%，民事案件调解撤诉率达 95.38%。成立了鹤岗市第一个以个人命名的法官工作室"孙波法官工作室"。2011 年，被诊断为双肾衰竭，两次换肾手术失败，现在靠每周三次透析维持生命，但仍坚持工作在审判一线。荣获时代楷模、全国先进工作者、全国模范法官、全国道德模范等荣誉称号。

孙 滔

孙滔，男，汉族，中共党员，1981 年 2 月生，山东滕州人，中国移动通信集团有限公司研究院技术经理。新一代国际标准化领军人物之一，从事网络新技术研发和国际标准化工作。在 5G 标准化工作中，发挥行业引领力，担任移动通信国际标准化组织 3GPP"5G 系统架构"项目报告人，得到全球 67 家通信企业广泛支持，首次实现中国公司主导的新一代移动通信网络架构设计的突破。他和团队的研发成果被 3GPP 确定为 5G 核心网唯一基础架构。2019 年当选 3GPP 系统架构组副主席，有力提升了中国在国际通信标准中的话语权。撰写国际标准提案 300 余篇，荣获中国标准创新贡献奖一等奖、中国通信标准化协会科学技术奖一等奖。

孙永才

　　孙永才，男，汉族，中共党员，1964 年 11 月
生，吉林长岭人，中国中车集团有限公司党委副书
记、董事长，中国中车股份有限公司党委副书记、
总裁。他是我国轨道交通装备技术创新和产品升级
换代的主要组织者和学科带头人，2004 年开始主
持研制大功率机车和高速动车组列车，通过自主创
新，掌握动车组九大关键技术和十项配套技术。复
兴号高速列车迈出从追赶到领跑的关键一步，成为
新时代的国家名片。参与统筹实施南北车重组整合
工作，开创国内两家同为"A+H"上市公司重组的
先河，为央企重组和改革发展探索出了全新模式。
荣获改革先锋荣誉称号，获国家科学技术进步奖一
等奖。

尖 措

尖措（1968—2015），男，藏族，中共党员，1968年6月生，青海兴海人，生前系青海省河南蒙古族自治县优干宁镇党委书记兼人大主席团主席，县委常委、统战部长。他牢记党的宗旨，忠诚党的事业，被群众誉为"蒙旗赤子"。担任镇党委书记期间，成功解决长达17年之久的阿木乎村、南旗村与泽库县恰科日乡之间的草场纠纷问题；在统战部长岗位上，组织寺院基础设施和公共服务"六大工程"，改善僧侣学习生活条件，实现僧侣医保、社保全覆盖，增进了僧俗群众对党和政府的向心力、凝聚力。2015年12月4日，因劳累过度，突发心肌梗塞去世，年仅47岁。

廷·巴特尔

廷·巴特尔，男，蒙古族，中共党员，1955年6月生，内蒙古呼和浩特人，内蒙古自治区阿巴嘎旗萨如拉图雅嘎查原党支部书记。1974年，他从呼和浩特市来到洪格尔高勒镇萨如拉图雅嘎查，由一名城市青年成为普通牧民。不断探索草原生态保护与经济发展的结合点，带领牧民划区轮牧、建设草原、积极调整畜群结构，进行精细化、科学化养殖，牧民人均纯收入从40年前的40元增加到现在的1.88万元，实现了生态保护与牧民增收的双赢。荣获改革先锋、全国优秀共产党员、全国劳动模范、全国民族团结进步模范个人等荣誉称号。2009年当选100位新中国成立以来感动中国人物。

曲建武

曲建武，男，汉族，中共党员，1957年7月生，辽宁大连人，大连海事大学教授。无论是作为普通的辅导员、学生处处长，还是校党委副书记、辽宁省高校工委副书记、辽宁省教育厅副厅长，在他眼中，工作的核心和根本都是为学生服务。他把教书作职业，把育人作追求，把青春奉献给了教育事业和心爱的学生。荣获时代楷模、全国优秀教师、全国师德标兵、全国高校辅导员年度人物等荣誉称号。

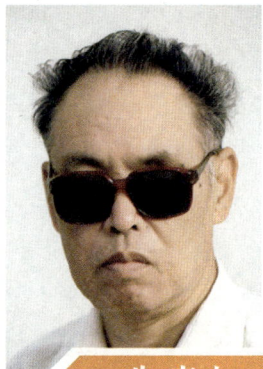

朱彦夫

朱彦夫，男，汉族，中共党员，1933 年 7 月生，山东沂源人，山东省沂源县西里镇张家泉村原党支部书记。1947 年 9 月入伍，经历战斗上百次，在抗美援朝战场上失去了四肢和左眼，3 次荣立战功。退伍后用自己的抚恤金，建图书室、办夜校，帮助农民提高文化素质。担任村党支部书记 25 年，带领群众治山治水、脱贫致富，把一个贫穷落后的山村变成了山清水秀的富裕村。他身残志坚，历时 7 年创作两部自传体长篇小说《极限人生》和《男儿无悔》。荣获全国优秀共产党员、全国道德模范、全国自强模范等荣誉称号。

许振超

许振超，男，汉族，中共党员，1950年1月生，山东荣成人，山东省青岛前湾集装箱码头有限责任公司工程技术部固机高级经理。他干一行、爱一行，练就了"一钩准""一钩净""无声响操作"等绝活，是践行工匠精神的优秀代表。他带领团队先后八次刷新集装箱装卸世界纪录，创造享誉全球的"振超效率"，是新时期中国产业工人的楷模。第十一、十二、十三届全国人大代表，第十一、十二届全国人大常委会委员，曾任全国总工会兼职副主席，荣获改革先锋、全国优秀共产党员、全国道德模范等荣誉称号，获全国五一劳动奖章。2009年当选100位新中国成立以来感动中国人物。

许海峰

许海峰，男，汉族，中共党员，1957 年 8 月生，安徽全椒人，国家体育总局自行车击剑运动管理中心原副主任。他是前中国男子射击队运动员，中国体育射击史上第一个集奥运会冠军、世锦赛冠军、亚运会冠军、亚锦赛冠军多项荣誉于一身的运动员。1984 年洛杉矶奥运会夺得男子手枪 60 发慢射冠军，成为本届奥运会首金得主，同时也是中国首位奥运冠军，实现了中国奥运会历史上金牌"零"的突破。在 1986 年汉城亚运会、1991 年世界气枪锦标赛等比赛中获得多项冠军。1995 年宣布退役并开始执教。荣获改革先锋等荣誉称号。

贠恩凤

　　贠恩凤，女，汉族，中共党员，1940 年 1 月生，陕西西安人，陕西省广播电视民族乐团原名誉团长、书记，著名女高音歌唱家，国家一级演员。她始终坚持弘扬优秀民族文化，长期义务为基层群众演出，以自己精湛的技艺、高尚的艺德赢得社会广泛认可和赞誉。尽管已退休多年，但只要人民群众有需求，她都随时歌唱，被誉为"黄土高原上的银铃"。荣获时代楷模、全国先进工作者、全国优秀文艺工作者等荣誉称号，获全国五一劳动奖章、中国金唱片奖。

邢 继

　　邢继，男，汉族，中共党员，1964 年 10 月生，河北沧州人，中核集团中国核电工程有限公司总工程师，"华龙一号"总设计师，核电站设计建造技术领域首席专家。他长期从事核电工程设计研究及管理工作，先后主持完成岭澳二期工程设计、CP1000 和 "华龙一号"先进核电型号研发，为我国压水堆核电技术创建自主品牌、实现系列化和跨越式发展作出突出贡献。成功研发中国先进核电技术 "华龙一号"，标志我国压水堆核电技术实现了从引进、消化吸收到自主创新的跨越式发展，并处于世界先进水平。荣获全国优秀科技工作者、国防科技十大创新人物等荣誉称号，获全国创新争先奖。

邢燕子

邢燕子（1941—2022），女，汉族，中共党员，1941 年生，天津市人，天津市北辰区人大常委会原副主任。1958 年，邢燕子初中毕业后，积极响应党中央号召，回到家乡宝坻县司家庄村，立志改变农村落后面貌，做第一代有文化的农民。她和乡亲们打成一片，每天一起插秧苗、种高粱，带领女团员组成"燕子突击队"向荒洼要粮，3 个月就给村里挣了 3600 多元，种下 430 亩高产麦，成为我国农村经济最困难时期"发奋图强、扎根农村、大办农业"的青年典型。党的九至十三大代表，第三届全国人大代表。2009 年当选 100 位新中国成立以来感动中国人物。

那迪拜克·阿瓦孜拜克

那迪拜克·阿瓦孜拜克，男，塔吉克族，中共党员，1973年8月生，新疆喀什人，新疆塔什库尔干塔吉克自治县公安局班迪尔派出所教导员。他长期扎根在气候恶劣、空气稀薄的雪域高原，在海拔3400多米的警务室克服没有办公场所等困难，搭建简易帐篷作为办公室16个月。白天调查走访，晚上巡逻防范，真心实意为各族群众排忧解难，被当地群众亲切地称为"帐篷哥"。荣立个人一等功、三等功各1次，荣获全国民族团结进步模范、全国公安系统二级英模等荣誉称号。

何镜堂

何镜堂，男，汉族，无党派人士，1938年4月生，广东东莞人，华南理工大学建筑设计研究院董事长、首席总建筑师。中国工程院院士，杰出建筑学家和教育家。长期工作在教学、科研和工程设计第一线，虽八十高龄仍奋斗不止，提出"两观三性"建筑理论，先后主持设计上海世博会中国馆、侵华日军南京大屠杀遇难同胞纪念馆扩建工程、青岛上合峰会主会场，以200多项重大标志性工程引领具有中国特色的建筑创作道路。捐出200万元成立何镜堂教育基金，牵头推动各方累计捐赠1150万元用于扶持青年学生和教师。荣获全国模范教师、全国先进工作者、全国优秀科技工作者等荣誉称号。

余元君

余元君（1972—2019），男，汉族，中共党员，1972 年 9 月生，湖南临澧人，生前系湖南省水利厅副总工程师，湖南省洞庭湖水利工程管理局总工程师。他是洞庭湖保护与治理的专家和复杂水系的"活地图"，组织建成一大批优质水利工程，参与洞庭湖区许多重大险情抢护，牵头开发被誉为"千里眼"的洞庭湖区建设项目管理系统，并结合工作实际撰写大量科研论文和学术报告。他严以用权、公私分明，主持洞庭湖区数百个项目技术评审和招投标工作，经手的资金近百亿元，没有一起负面反映。2019 年 1 月，因连日超负荷工作，在蓄滞洪区建设工地突发疾病，不幸去世。被追授时代楷模、全国"人民满意的公务员"等荣誉称号。

余留芬

余留芬，女，汉族，中共党员，1969年8月生，贵州盘州人，贵州省盘州市淤泥乡岩博联村党委书记。她以发展经济、富裕百姓为己任，扎根基层、改革创新，坚持抓党建促脱贫和人才强村战略，狠抓产业脱贫和产业引领发展，组织动员群众修路通水、买林场、办酒厂，大力发展集体经济产业，使岩博村发展成远近闻名的"先进村、文明村、示范村、小康村"。党的十七、十八、十九大代表，第十三届全国政协委员。荣获改革先锋、全国优秀共产党员、全国三八红旗手标兵、全国三八红旗手等荣誉称号，获全国脱贫攻坚奋进奖、全国五一劳动奖章。

冷鹏飞

　　冷鹏飞，男，汉族，中共党员，1933年1月生，湖北浠水人，1956年2月入伍，中国人民解放军原81032部队副军职调研员。1969年3月的边境作战中，他组织炮火英勇还击，冷静指挥，左臂被打断后，用树枝夹绑住胳膊继续战斗，以顽强的毅力指挥守岛部队与敌军激战9个小时，顶住了6次炮袭、3次进攻，与边防巡逻队密切协同，驱逐了入侵敌军。被中央军委授予战斗英雄荣誉称号，2017年获八一勋章。

吴大观

吴大观（1916—2009），男，汉族，中共党员，1916 年 11 月生，江苏扬州人，生前系原航空工业部科技委常委。他是我国航空发动机事业的奠基人和创始人，组建第一个航空发动机设计机构，领导研制第一台喷气发动机，创建第一个航空发动机试验基地，建立第一支航空发动机设计研制队伍。国务院授予吴大观"我国航空工程技术事业突出贡献专家"。2009 年 3 月因病去世，被追授为全国优秀共产党员。2009 年当选 100 位新中国成立以来感动中国人物。

吴仁宝

吴仁宝（1928—2013），男，汉族，中共党员，1928 年 11 月生，江苏江阴人，生前系江苏省江阴市华西村党委书记。他率领华西村实现了从农业样板村到农村工业化、农村城镇化再到农村现代化的一次次跨越，走出一条农村资源整合、优势互补、合作双赢、共同富裕的发展新路。荣获改革先锋、全国优秀共产党员、全国劳动模范、全国道德模范、全国民族团结进步模范个人等荣誉称号。2009 年当选 100 位新中国成立以来感动中国人物。

吴天祥

　　吴天祥，男，汉族，中共党员，1944年7月生，湖北钟祥人，湖北省武汉市武昌区政府原巡视员。他几十年如一日践行党的宗旨，为群众做好事、办实事。2008年退休至今，坚持每天早上7点到区政府信访接待室接待来访群众。自掏20余万元设立慈善基金，每年拿出工资的80%捐助困难群众，先后照顾过26位孤寡老人、6名孤儿，结下300多个"穷亲戚"。在他的感召下，湖北省成立了1万多个"吴天祥小组"，10万多名小组成员常年活跃在街道、社区。荣获全国优秀共产党员、全国劳动模范、全国道德模范、全国学雷锋先进个人等荣誉称号，2009年当选100位新中国成立以来感动中国人物。

吴文俊

吴文俊（1919—2017），男，汉族，中共党员，1919 年 5 月生，上海市人，中国科学院数学与系统科学研究院研究员。他对数学的核心领域拓扑学作出重大贡献，对国际数学与人工智能研究影响深远。开创数学机械化研究领域，用算法的观点分析中国古算，同时提出用计算机自动证明几何定理的有效方法，在国际上被称为"吴方法"。2017 年 5 月去世，第五至八届全国政协委员。荣获国家荣誉称号，获国家最高科学技术奖。

吴亚琴

吴亚琴，女，汉族，中共党员，1960年7月生，吉林省长春市宽城区团山街道长山花园社区党委书记，长春市妇联兼职副主席。她扎根基层25年，总结形成社区"六治工作法""民事调解十二法"等经验。创新遗嘱库、定制式服务、共享养老模式等为老服务内涵，惠及15万老年人。依托社区党性教育基地和吴亚琴工作站，培训学员近4万人，为加强基层社区治理作出重要贡献。荣获时代楷模、全国优秀共产党员、全国先进工作者、全国三八红旗手标兵等荣誉称号，获全国五一劳动奖章。

吴运铎

吴运铎（1917—1991），男，汉族，中共党员，1917年1月生，江西萍乡人，生前系原国营447厂（内蒙古北方重工业集团有限公司）总工程师，历任中南兵工局副局长、机械科学研究院副总工程师、五机部科学研究院副院长等职。他是新四军兵工事业的创建者和新中国兵器工业的开拓者，新中国第一代工人作家，被誉为中国的"保尔·柯察金"。撰写的自传《把一切献给党》，鼓舞了一代代青年人。荣获全国自强模范等荣誉称号，2009年当选100位为新中国成立作出突出贡献的英雄模范人物。

吴金印

　　吴金印，男，汉族，中共党员，1942年9月生，河南新乡人，河南省卫辉市唐庄镇党委书记。他主动放弃调到上级机关工作的机会，扎根基层，在卫辉市工作期间，在群众家住了7年，在治水工地住了8年，使一穷二白的山区发生了巨大变化。1987年，吴金印调任唐庄乡党委书记，带领唐庄迈出了治穷、致富、发展的"三大步"，通过把种植业与旅游业深度结合，使唐庄经济步入发展快车道。他不畏艰辛，忠诚为民，干一处响一处，走一路富一路，被誉为"乡镇党委书记的榜样"。荣获改革先锋、全国优秀共产党员、全国百名人民好公仆、全国五一劳动奖章等荣誉称号。2009年当选100位新中国成立以来感动中国人物。

吴登云

吴登云，男，汉族，中共党员，1940年5月生，江苏高邮人，新疆维吾尔自治区乌恰县政协原副主席，县人民医院原院长。大学毕业后，他响应党的号召，志愿来到祖国版图最西端的乌恰县工作。他充满仁爱之心，为了抢救民族兄弟先后无偿献血30余次计7000多毫升，为抢救烧伤的婴儿从自己腿上割下13块皮肤移植到患者身上。他每年都要花三四个月的时间，翻山越岭、风餐露宿，深入到牧区巡诊和防疫，足迹踏遍了全县9个乡的30多个自然村，受到当地各族干部群众的衷心爱戴。党的十六大代表，荣获全国优秀共产党员、全国劳动模范、全国先进工作者等荣誉称号，获全国五一劳动奖章、白求恩奖章。2009年当选100位新中国成立以来感动中国人物。

宋鱼水

宋鱼水，女，汉族，中共党员，1966年2月生，山东蓬莱人，北京知识产权法院党组成员、副院长兼政治部主任，全国妇联兼职副主席。她是从基层成长起来的优秀法官代表和优秀女性代表，从事法律工作30年来，承办大量涉及国计民生的案件，被当事人誉为"辨法析理、胜败皆服"的好法官。带领法院干警审理大量新型、疑难的知识产权案件，并在国内首次将诉讼禁令、部分判决等措施引入到知识产权司法保护中。党的十七、十八、十九大代表，第十九届中央委员会候补委员，第十一届全国人大代表。荣获全国优秀共产党员、全国三八红旗手等荣誉称号，获中国青年五四奖章、全国五一劳动奖章。

宋嗣海

宋嗣海，男，汉族，中共党员，1965年1月生，河北唐山人，河钢集团塞尔维亚公司执行董事。2016年4月，河钢集团收购濒临倒闭的塞尔维亚斯梅代雷沃钢厂。他领导管理团队仅半年时间就扭转了钢厂连续7年亏损的局面，2018年钢产量创百年钢厂历史最好水平，一举成为塞尔维亚最大的出口企业，成功保住了钢厂5000多名员工的就业。三年来，宋嗣海带领团队扎根异国他乡，团结奋斗、顽强拼搏，努力把河钢塞钢打造成为中国—中东欧合作和"一带一路"建设标志性工程。2019年4月，河钢集团塞尔维亚公司管理团队荣获时代楷模称号。

库尔班·尼亚孜

　　库尔班·尼亚孜，男，维吾尔族，中共党员，1964年5月生，新疆乌什人，新疆维吾尔自治区乌什县前进镇国家通用语言小学校长。他敢为人先，冲破思想观念的束缚，2003年拿出家中所有积蓄60余万元，创办前进镇国家通用语言小学，并挨家挨户动员乡亲们送孩子学习国家通用语言，用教育改变贫穷落后面貌。不断创新教学模式，摸索教学方法，积极开设国学课堂，组织学生背诵古诗词、唱京剧、练书法等，大力弘扬中华传统文化，对新疆国家通用语言教育发展起到了示范引领作用，为增进民族团结作出了积极贡献，被誉为"民族团结进步的践行者"，荣获改革先锋称号。

库尔班·吐鲁木

库尔班·吐鲁木（1883—1975），男，维吾尔族，中共党员，1883年生，新疆于田人，生前系新疆维吾尔自治区于田县委委员。他年轻时遭受封建地主的剥削和凌辱，1949年新疆和平解放后过上幸福生活，多次萌发要骑着毛驴到北京看望毛泽东主席的心愿。1959年加入中国共产党，两次受到毛主席亲切接见。第四届全国人大代表，荣获全国劳动模范荣誉称号。

张 华

张华（1958—1982），男，汉族，中共党员，1958 年 10 月生，黑龙江虎林人，1977 年 1 月入伍，生前系第四军医大学二大队学员。1982 年 7 月 11 日，陕西省西安市灞桥区新筑乡 69 岁的魏志德老人在公共厕所通粪便时，被沼气熏到，落入粪池。正在附近的张华听到呼救声，毫不犹豫地下到 3 米深的粪池内，奋力抢救魏大爷，不幸被浓烈的沼气熏倒在便池中，因严重中毒窒息，抢救无效，光荣牺牲，年仅 24 岁。被中央军委追授富于理想、勇于献身的优秀大学生荣誉称号。2009 年当选 100 位新中国成立以来感动中国人物。

张劼

张劼，男，汉族，中共党员，1980 年 3 月生，安徽蚌埠人，安徽省蚌埠市公安局特警支队一大队教导员。2016 年 1 月 5 日，一犯罪嫌疑人扬言要引爆家中准备的多个汽油桶和液化气罐，与全楼居民同归于尽。接到警情后张劼临危不惧，毅然第一个冲入房间，奋力将正在打开汽油桶和液化气罐的犯罪嫌疑人扑倒在地。由于泄漏的汽油和液化气爆燃，他面部及全身 30％面积深二度烧伤，经 6 次手术才脱离生命危险，他以血肉之躯保护了人民群众的生命财产安全，用生命价值诠释了"人民公安为人民"的庄严承诺。荣获时代楷模、全国公安系统二级英雄模范、全国特级优秀人民警察等荣誉称号，获中国青年五四奖章。

张 超

张超（1986—2016），男，汉族，中共党员，1986年8月生，湖南岳阳人，2004年9月入伍，一级飞行员，生前系海军某舰载航空兵部队中队长。2016年4月在执行上舰前陆基飞行训练任务时，不幸以身殉职。被追授为时代楷模、全国优秀共产党员，被中央军委追授逐梦海天的强军先锋荣誉称号，全军挂像英模。

张 楠

张楠（1987—2015），男，汉族，中共党员，1987 年 12 月生，河北吴桥人，2004 年 12 月入伍，生前系武警山东总队临沂支队直属大队一中队班长。入伍 11 年来，他始终坚持把个人理想与追求融入强军兴军伟大实践中，把对党和人民的赤胆忠诚化为爱军精武的实际行动，爱岗敬业、苦练本领，无私无畏、不怕牺牲，先后参与执勤处突、抢险救灾等任务 30 余次，抓捕犯罪嫌疑人 10 名，救助遇险群众 40 余人，为维护驻地社会稳定作出突出贡献。2015 年 7 月 26 日，在执行驻索马里大使馆警卫任务时遭遇炸弹袭击，壮烈牺牲。荣获时代楷模称号，被武警部队追授中国武警忠诚卫士奖章。

张 飚

张飚，男，汉族，中共党员，1952年9月生，陕西蒲城人，新疆维吾尔自治区石河子市人民检察院监所检察科正科级检察员。他扎根基层检察院31年，始终坚持以人民为中心的思想，矢志不移捍卫法治、伸张正义，坚守防止冤假错案的底线，用实际行动诠释了对宪法法律的无限忠诚、对公平正义的执着坚守、对人民群众的公仆情怀，是践行忠诚干净担当要求的模范检察官。荣立二等功1次、三等功2次，荣获改革先锋、优秀共产党员、全国模范检察官等荣誉称号。

张玉滚

张玉滚，男，汉族，中共党员，1980 年 12 月生，河南南阳人，河南省镇平县高丘镇黑虎庙小学校长。毕业后他放弃在城市工作的机会，回到家乡高丘镇黑虎庙小学，一干就是 18 年。学校师资紧缺，他把自己磨练成能教书、能做饭、能裁缝、能治病的"全能型"教师。每逢雨雪天，他都亲自接送学生，没发生过一起安全事故。他靠一根扁担，把学生教材和学习用品挑进大山，一挑就是 5 年。他用微薄的工资相继资助了 300 余名儿童，培养出 21 名大学生。荣获时代楷模、全国教书育人楷模、全国师德标兵等荣誉称号，获全国五一劳动奖章、中国青年五四奖章。

张孝骞

张孝骞（1897—1987），男，汉族，中共党员，1897年12月生，湖南长沙人，生前系中国医学科学院副院长。他是我国现代医学的先驱，毕生致力于临床医学、医学科学研究和医学教育工作，对人体血容量、胃分泌功能、消化系溃疡、腹腔结核、阿米巴痢疾和溃疡性结肠炎等有较深入的研究，在医学教育方面有独到的见解，培养了大批骨干人才，是深受人民爱戴和敬仰的好医生。

张志新

　　张志新（1930—1975），女，汉族，中共党员，1930 年 12 月生，天津市人，生前系辽宁省委宣传部干事。她怀着对党、对人民的赤胆忠心，在"文革"期间，反对林彪、"四人帮"的倒行逆施，遭受了残酷迫害。她坚持真理，公开揭露林彪、江青一伙篡党夺权的阴谋活动，被"四人帮"一伙定为"现行反革命"，于 1969 年 9 月被捕入狱。1975 年 4 月 4 日惨遭"四人帮"反革命集团杀害，年仅 45 岁。1979 年 3 月 21 日，辽宁省委为她平反昭雪。

张国春

张国春（1969—2014），男，汉族，中共党员，1969 年 4 月生，黑龙江克东人，1987 年 9 月入伍，生前系国防大学兵棋专家。他把打仗当急务，一门心思推演战法，埋头科研一线，和团队成员成功研制我国首个实战化大型兵棋演习系统，获多项国家和军队科技进步奖，由于长期超负荷工作积劳成疾病逝。被中央军委追记一等功，荣立二等功 1 次、三等功 2 次，荣获时代楷模、全军优秀教师荣誉称号。

张秉贵

张秉贵（1918—1987），男，汉族，中共党员，1918 年 12 月生，北京市人，生前系北京市百货大楼售货员。他 30 多年接待顾客数百万人，全心全意为顾客服务，总结出站好柜台要做到五点：精神饱满、思想集中、耳目灵敏、抬头售货、动作"三快"；总结出"接一、问二、联系三"的售货法，刻苦练就称糖"一抓准"、算账"一口清"的绝技；将自己几十年如一日满腔热情的服务精神归纳概括为"一团火精神"，响亮地提出"心有一团火、温暖顾客心"。党的十一大代表，第五、六届全国人大代表，荣获全国劳动模范荣誉称号。2009 年当选 100 位新中国成立以来感动中国人物。

张保国

张保国，男，汉族，中共党员，1965 年 10 月生，山东德州人，山东省济南市公安局特警支队副支队长。参加公安工作 20 年来，他不畏艰险、勇挑重担，遇有突发事件和排爆排险任务总是冲锋在前，曾在执行任务中严重烧伤。他先后成功处置涉爆现场 130 多次，鉴定、排除、销毁各类炮弹、炸弹 4000 余发（枚），完成重大活动防爆安检任务 1500 余次。荣立个人一等功 1 次、二等功 5 次、三等功 3 次。荣获最美退役军人、人民满意的公务员、全国公安系统一级英模等荣誉称号，获中国青年五四奖章。

张海迪

张海迪，女，汉族，中共党员，1955年9月生，山东文登人，中国残疾人联合会主席。5岁时高位截瘫，刻苦自学，15岁在农村给孩子们当老师，为群众治病一万多人次。出版发表文学作品200多万字。1983年5月，中共中央发出《向张海迪同志学习的决定》。担任中国残联主席后，她全心全意帮助残疾人康复、上学、就业、脱贫，为残疾人过上美好生活而奋斗。荣获全国劳动模范、全国三八红旗手、全国优秀共青团员等称号。2009年当选100位新中国成立以来感动中国人物。

张富清

张富清，男，汉族，中共党员，1924年12月生，陕西洋县人，原西北野战军359旅战士，中国建设银行湖北省分行来凤支行离休干部。他在解放战争的枪林弹雨中九死一生，先后荣立一等功3次、二等功1次，被西北野战军记特等功，两次获得战斗英雄荣誉称号。1955年所在部队调整，已是359旅正连职干部的他响应号召选择去了偏僻的来凤县，为贫困山区奉献一生。60多年来，他坚守初心、不改本色，深藏功名、为民造福，用自己的朴实纯粹、淡泊名利书写了精彩人生。荣获时代楷模、全国优秀共产党员称号。

张瑞敏

张瑞敏，男，汉族，中共党员，1949年1月生，山东莱州人，海尔集团党委书记、董事局主席、首席执行官。30多年创业过程中，他抓住改革开放的机遇，带领一个亏损147万元的集体小厂，从无到有、从小到大、从弱到强，成长为全球知名的跨国企业集团，创立了全球知名白色家电品牌。首创人单合一模式，实现中国管理从学习模仿到引领世界管理模式的突破。党的十四至十九大代表，荣获改革先锋、全国劳动模范等荣誉称号。

张黎明

张黎明，男，汉族，中共党员，1969 年 8 月生，河北沧州人，国家电网天津滨海供电分公司运检部配电抢修班班长，滨海黎明共产党员服务队队长。自 1987 年参加工作以来，始终奋战在电力抢修一线，累计巡线 8 万多公里，完成故障抢修作业近 2 万次。勇于创新，先后实现技术革新 400 余项，20 多项填补电力行业空白，是知识型、技能型、创新型劳动者的杰出代表。模范践行全心全意为人民服务的根本宗旨，带领黎明共产党员服务队，十年如一日开展学雷锋志愿服务，受到群众的广泛赞誉。党的十九大代表，荣获改革先锋、时代楷模、全国劳动模范、全国优秀共产党员等荣誉称号。

时传祥

　　时传祥（1915—1975），男，汉族，中共党员，1915年9月生，山东齐河人，生前系北京市东城区环境卫生服务中心十所清洁队工人，北京市原崇文区清洁队"青年班"班长。他对整个清掏区的情况都了如指掌，百十斤重的粪桶每天要背近百桶，以"宁愿一人脏，换来万家净"的高尚境界赢得了社会各界的尊重。干工作从不分分内分外，见墙头倒了就主动砌好，见厕所没挖坑带上工具就给挖好。带出了思想过硬、业务一流的青年班，他倡导的"工作无贵贱、行业无尊卑"的为人民服务思想得以经久传承。第三届全国人大代表，荣获全国劳动模范等荣誉称号。2009年当选100位新中国成立以来感动中国人物。

李中华

李中华，男，汉族，中共党员，1961年9月生，辽宁新宾人，1983年7月入伍，空军特级飞行员，空军指挥学院原训练部副部长。他先后驾驶和试飞歼击、轰炸、运输3个机种26种机型，成功处置多次空中重大险情。荣立一等功1次、二等功6次、三等功7次，被中央军委授予英雄试飞员、全军爱军精武标兵荣誉称号，2017年获八一勋章。

李向前

李向前，男，汉族，中共党员，1974 年 9 月生，河南登封人，中国铁路郑州局集团有限公司洛阳机务段首席技师，洛阳机务段宝丰检修车间内燃机车钳工，全国铁路首席技师，国家铁路集团 "李向前机车钳工技能大师工作室" 负责人。从事铁路机车检修 24 年，累计检修机车 5000 余台，维修、复检内燃机车 1.2 万余台，全部达到了 "零故障、零问题、零疏漏" 的标准。其工作室被授予 "全国工人先锋号" 称号。党的十九大代表，荣获全国技术能手、全国铁路百千万人才工程专业带头人、全国铁路技术能手等荣誉称号。

李向群

李向群（1978—1998），男，汉族，中共党员，1978 年 9 月生，海南琼山人，1996 年 12 月入伍，生前系广州军区塔山守备英雄团九连战士。与改革开放同龄的他主动放弃优裕生活从军入伍，1998 年长江流域抗洪抢险中主动参加抢险突击队，带病顽强拼搏，4 次晕倒在大堤上，因劳累过度壮烈牺牲。被中央军委授予新时期英雄战士荣誉称号，全军挂像英模。

李延年

李延年，男，汉族，中共党员，1928 年 11 月生，河北昌黎人，1945 年 10 月入伍，中国人民解放军原 54251 部队副政治委员。参加解放战争、湘西剿匪、抗美援朝战争、边境防卫作战等大小战斗 20 多次，抗美援朝中在伤亡严重情况下，指挥部队协同作战，毙伤敌军 600 多人。始终保持老英雄、老党员、老军人的革命本色，居功不自傲，自身要求严。荣立特等功 1 次、三等功若干次，被志愿军总部授予一级英雄荣誉称号，获朝鲜民主主义人民共和国自由独立二级勋章、三级国旗勋章，离休后被评为先进离休干部、优秀共产党员。

李进祯

李进祯（1967—2017），男，回族，中共党员，1967年7月生，宁夏中卫人，生前系宁夏回族自治区同心县兴隆乡人民政府民生保障服务中心主任。他三十年如一日，在平凡的岗位上默默奉献。特别是在脱贫攻坚工作中，白天忙于资金对接拨付，晚上加班整理账目，确保脱贫攻坚对象精准、拨付精准。经常牺牲休息时间，帮助群众理思路、找项目、办贷款、促增收。长期带病坚持工作，弥留之际念念不忘的仍是那份难以割舍的职责，展现了一名基层党员干部靠得住、冲得上、顶得牢的先锋模范风采。被评为全区脱贫攻坚优秀共产党员。

李林森

李林森（1969—2011），男，汉族，中共党员，1969年9月生，四川宣汉人，生前系四川省万源市委常委、组织部长。在抗击宣汉县五宝镇特大洪灾中，时任镇党委书记的他3次晕倒在抗洪救灾一线，被誉为"拼命三郎""救命书记"。在村级组织换届中，创造性推行"四评村官"模式。推行从大学生村干部、乡镇事业干部中定向公开考录乡镇党委委员等做法，被多家主流媒体推介。2011年7月因病去世。荣获全国优秀组织工作干部等荣誉称号。

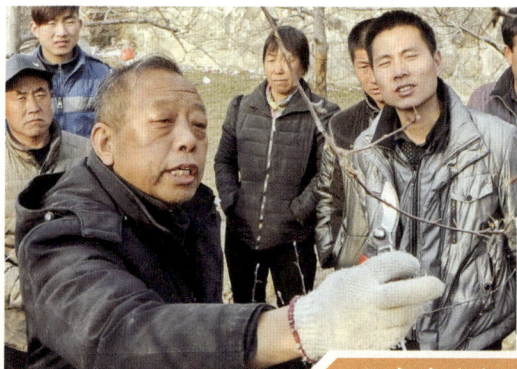

李保国

李保国（1958—2016），男，汉族，中共党员，1958 年 2 月生，河北武邑人，生前系河北农业大学林学院教授。他始终奋战在科技兴农、扶贫攻坚和教书育人第一线，先后取得研究成果 28 项，获得省部级以上奖励 18 项，技术累计应用面积 1826 万亩，打造系列全国知名品牌，带动山区农民增收 58.5 亿元。参与研究提出聚集土壤、聚集径流"两聚"理论，使邢台前南峪森林覆盖率达到 90.7%，植被覆盖率达到 94.6%。荣获改革先锋、时代楷模、全国优秀共产党员、全国先进工作者、全国优秀教师、全国脱贫攻坚模范等荣誉称号。

李泉新

　　李泉新（1958—2016），男，汉族，中共党员，1958年2月生，江西丰城人，生前系江西省委第三巡视组组长。他创设"挖老矿法""捅天花板法"等"全新"（泉新）模式。面对繁重的工作任务，已经住院的他不顾医生竭力反对和家人含泪劝说，签下"身体出了任何问题个人负责"的责任状，毅然出院工作。面对公与私的选择，他不但严于自律，而且以实际行动教育身边工作人员和基层干部。他忘我工作、倾情巡视，2016年5月突发疾病，医治无效，不幸逝世，年仅58岁。被追授全国优秀共产党员荣誉称号。

李桂林、陆建芬夫妇

李桂林，男，彝族，中共党员，1967 年 11 月生，四川汉源人；陆建芬，女，彝族，中共党员，1966 年 11 月生，四川汉源人。李桂林、陆建芬夫妇在四川省凉山彝族自治州甘洛县乌史大桥乡二坪村小学坚守了 29 年，把一批又一批的彝族孩子送出大山，让他们走向更广阔的世界。夫妻俩撑起这所云端上的学校，各项指标在全县名列前茅，成为远近闻名的模范学校。20 年在悬崖天梯上接送学生，29 年周六义务给学生补课，购买药品无偿给学生用，义务给学生理发。荣获全国模范教师等荣誉称号，2009 年当选 100 位新中国成立以来感动中国人物。

李桓英

李桓英，女，汉族，中共党员，1921年8月生，山西襄垣人，首都医科大学附属北京友谊医院、北京热带医学研究所研究员，世界著名麻风病防治专家。她将全部精力贡献给麻风病的防治和研究工作，长期奔波在云、贵、川贫困边远地区，曾经4次遇险、2次翻车、2次翻船，两侧锁骨和肋骨都摔断过。她解决麻风病防治领域的重大策略和技术上的关键问题，为我国制定控制和消灭麻风病的整体规划、为全球实现消灭麻风病目标的可行性提供重要依据。荣获国家科技进步奖一等奖、首届中国麻风病防治终身成就奖。

李素丽

　　李素丽，女，汉族，中共党员，1962年4月生，北京市人，退休前任北京公交集团客服中心主任，现任中国志愿服务基金会副秘书长。她19岁当上售票员，视乘客如亲人，始终坚持微笑服务，做到"四多六到"，即多说一句、多看一眼、多帮一把、多走几步，话到、眼到、手到、腿到、情到、神到，受到乘客和社会公众的一致好评。她负责的北京交通服务热线，平均每天接电话1.7万余个，被评为全国青年文明岗和巾帼文明岗。始终践行"一心为乘客，服务最光荣"的工作理念，被乘客誉为"微笑的天使"。党的十五、十六大代表，荣获全国优秀共产党员、全国劳动模范、全国三八红旗手、全国职业道德标兵等荣誉称号。

李培斌

李培斌（1965—2015），男，汉族，中共党员，1965 年 9 月生，山西阳高人，生前系山西省阳高县信访服务中心主任，阳高县龙泉镇司法所所长。他三十年如一日，扎根基层乡镇，卓有成效地开展人民调解、社区矫正、安置帮教等工作，先后成功调解矛盾纠纷数千起，制止群体性事件上百起，教育 60 多名刑释解教人员迷途知返，挽救了 50 多个濒临破裂的家庭。他的工作业绩不仅营造了基层稳定、社会和谐的良好环境，而且深得群众的信赖。2015 年 10 月，因积劳成疾突发心脏病，不幸殉职，年仅 50 岁。党的十八大代表，荣获时代楷模、全国优秀共产党员、全国模范司法所长、全国人民调解能手、全国司法系统一级英模等荣誉称号。

李雪健

李雪健，男，汉族，中共党员，1954年2月生，山东巨野人，中国国家话剧院一级演员，中国文联副主席（兼职），中国电影家协会名誉主席。他从事戏剧影视表演工作40多年，崇德尚艺，执着追求，形成"含蓄、真诚、淳厚、朴实"的表演风格，塑造了众多生动鲜活的艺术形象，展现了改革开放以来的时代变迁。主演或参演的《焦裕禄》《李大钊》《赵树理》《杨善洲》等数十部影视和话剧作品，深受广大观众喜爱；塑造的焦裕禄、杨善洲等优秀共产党员形象，作为弘扬主旋律、讴歌英雄模范、彰显民族精神和改革开放时代精神的典型，发挥了重要的价值引领作用。荣获改革先锋、全国先进工作者、国家有突出贡献电影艺术家、全国中青年德艺双馨文艺工作者等荣誉称号。

李登海

李登海，男，汉族，中共党员，1949 年 9 月生，山东莱州人，山东登海种业股份有限公司党支部书记、名誉董事长，国家玉米工程技术研究中心（山东）主任。他是我国玉米育种和栽培专家，通过 47 年持续不断地开展玉米高产攻关试验，进行了 46 年 156 代玉米高产品种的育种创新，率先育出亩产从 700 公斤到 1500 公斤的紧凑型高产玉米新品种，为农民增收、保障国家粮食安全作出重要贡献。育成的 120 多个紧凑型杂交玉米新品种通过国家和省级审定，在全国累计推广 13 亿亩，增加社会经济效益 1300 多亿元。荣获时代楷模、全国优秀共产党员、全国先进工作者等荣誉称号，获国家科学技术进步奖一等奖。2009 年当选 100 位新中国成立以来感动中国人物。

李新民

李新民，男，汉族，中共党员，1967年6月生，黑龙江泰来人，中国石油天然气集团有限公司大庆油田中东分公司经理、党总支副书记，DQ1205队队长。他29年专注钻井事业，立誓"宁肯历尽千难万险，也要为祖国献石油"，带领1205钻井队在全国率先突破钻井进尺200万米，实现1205钻井队由单一井型向多种井型、速度型向效益型、国内作业向海外作业的三大跨越。为保障国家石油战略安全，他和队友挺进海外，在苏丹先后共完成37口水平井，口口全优，创出23项钻井新纪录，两次获得苏丹颁发给服务方的最高荣誉——PDOC钻井杯。

杜丽群

杜丽群，女，壮族，中共党员，1965年5月生，广西南宁人，广西壮族自治区南宁市第四人民医院艾滋病科护士长。坚守艾滋病护理岗位14年，被艾滋病患者亲切地称作"邻家大姐"。参与指导护理艾滋病患者1万多人次、艾滋病抗病毒药物治疗患者近5000人，患者服药依从性达95%以上，门诊抗病毒治疗的患者死亡密度远低于国家标准。荣获全国优秀共产党员、全国三八红旗手、全国三八红旗手标兵、全国民族团结进步模范个人、全国先进工作者、最美医生等荣誉称号，获全国五一劳动奖章、第四十五届南丁格尔奖。

杜富国

杜富国，男，汉族，中共党员，1991年11月生，贵州湄潭人，2010年12月入伍，陆军某扫雷排爆大队战士。2015年6月，他主动请缨参加边境扫雷行动，为人民利益勇闯雷场，为边境安宁挥洒热血，为战友安危舍身忘己，任务面前、关键时刻、危急关头处处叫响"让我来"。2018年10月在排雷作业时突遇爆炸，将战友护在身后，自己却身受重伤，永远失去双眼双手。被中央军委授予排雷英雄战士荣誉称号，荣立一等功1次，荣获时代楷模、全国自强模范荣誉称号。

杨万基

杨万基，男，汉族，中共党员，1963年8月生，广东阳江人，广东省台山市上川岛气象站站长。18岁起扎根上川岛服务气象，从零开始，学习温度、湿度、气压、降水等基础气象观测知识。38年以来，在条件艰苦、任务繁重的情况下，不怕苦、不怕累，始终爱岗敬业、无私奉献，带领6名干部职工每天24小时轮流值班，承担着每天8次观测、8次发报的繁重任务。被评为中国气象局质量优秀测报员。

杨业功

杨业功（1945—2004），男，汉族，中共党员，1945 年 2 月生，湖北应城人，1963 年 8 月入伍，1966 年 2 月入党，生前系原第二炮兵副参谋长，历任战士、排长、参谋、营长、团参谋长、作训处长、旅长和基地副参谋长、副司令员、司令员等职。2004 年 7 月，杨业功因积劳成疾病逝。杨业功是新时期保持共产党员先进性的典范，是高级领导干部学习的楷模。党中央、中央军委号召全党全军学习杨业功同志奉献、创新、务实、自律的"四种精神"。第十届全国人大代表，被中央军委授予忠诚履行使命的模范指挥员荣誉称号，被评为全国优秀共产党员，全军挂像英模。

杨怀远

杨怀远，男，汉族，中共党员，1937 年 1 月生，安徽庐江人，中国远洋海运集团有限公司上海中远海运（原上海海运局）服务员。1956 年入伍，1960 年转业至原交通部上海海运局，成为一名海员，先后从事船舶生火工、服务员等工作，20 世纪 70 年代被任命为船舶政委。出于对平凡工作的热爱，他主动辞去政委职务继续担任服务员，至 1997 年退休。他以热情周到的服务迎送千千万万旅客，他塑造的全心全意为人民服务的"小扁担"精神，不仅是雷锋精神的延续，更是中远海运宝贵的精神财富。党的十三大代表，荣获全国劳动模范等荣誉称号，2009 年当选 100 位新中国成立以来感动中国人物。

杨连弟

杨连弟（1919—1952），男，汉族，中共党员，1919年生，天津市北仓镇人，1949年3月参加铁道兵部队，生前系原铁道兵某团一连副连长，中国人民志愿军一级战斗英雄。在修复陇海铁路8号高桥时，他勇敢攀上40多米高的桥墩，提前完成修桥任务。1952年5月15日，在抗美援朝战场清川江大桥指挥连队架桥时，被敌机投下的炸弹击中头部，光荣牺牲。被志愿军总部追记特等功，追授一级战斗英雄。朝鲜民主主义人民共和国追授他英雄称号和金星奖章、一级国旗勋章。生前所在连队被命名为"杨连弟连"，陇海铁路8号桥被命名为"杨连弟桥"。

杨根思

　　杨根思（1922—1950），男，汉族，中共党员，1922年生，江苏泰兴人，1944年入伍，生前系中国人民志愿军第二十军五十八师一七二团三连连长。小高岭战斗中，他率部接连击退美军8次进攻，最后只剩他一人时，毅然抱起炸药包与敌人同归于尽。朝鲜民主主义人民共和国追授他英雄称号和金星奖章、一级国旗勋章。被志愿军总部追记特等功，授予特级英雄荣誉称号，其生前所在连队被命名为"杨根思连"。2009年当选100位新中国成立以来感动中国人物。

杨雪峰

杨雪峰（1976—2018），男，汉族，中共党员，1976 年 6 月生，重庆渝北人，生前系重庆市公安局渝北区分局交巡警察支队勤务十二大队副大队长。从警 21 年来，他始终不忘初心、牢记使命，扎根基层、奋战一线，严格执法、热情服务，积极开展专项治理工作，使辖区道路交通事故大幅下降，为维护辖区交通秩序、保障道路安全作出了突出贡献，赢得了辖区群众的广泛赞誉。2018 年 2 月 18 日，在执勤中遭到犯罪嫌疑人持刀报复袭击，为保护人民群众安全，在身负重伤的情况下，他与犯罪嫌疑人殊死搏斗，不幸壮烈牺牲。荣获时代楷模、全国公安系统一级英雄模范等荣誉称号。

杨善洲

杨善洲（1927—2010），男，汉族，中共党员，1927年1月生，云南施甸人，生前系云南省原保山地委书记。改革开放之初，他积极推行农村家庭联产承包责任制，使原来缺粮的保山成为"滇西粮仓"，被称为"粮书记"。退休后，他践行"只要生命不结束，服务人民不停止"的诺言，卷起铺盖扎进大亮山植树造林22年，把5.6万亩荒山变成绿洲，并将价值3亿元的林场经营管理权无偿移交国家。荣获改革先锋、环境保护杰出贡献者等荣誉称号，被追授为全国优秀共产党员。

汪 勇

　　汪勇，男，土家族，中共党员，1971年10月生，湖南沅陵人，陕西省西安市公安局新城分局韩森寨派出所副所长。从军17年，从警13年，他以对党和人民的赤胆忠诚和对公安事业的执着追求，立足基层，扎根社区，积极探索创新智慧社区警务，用精细化管理、规范化执法、亲情化服务，竭诚为辖区群众排忧解难，用真情和汗水建立了深厚的警民鱼水情，赢得了群众广泛拥护和爱戴。党的十九大代表，荣获时代楷模、全国优秀共产党员、全国人民满意的公务员、全国模范军队转业干部、全国公安系统二级英模、全国公安机关爱民模范等荣誉称号。

苏 宁

　　苏宁（1953—1991），男，汉族，中共党员，1953 年 12 月生，山西孝义人，1969 年 2 月入伍，生前系中国人民解放军原 65435 部队参谋长。入伍 22 年来，他以坚定的政治信念和献身国防的高度责任感，成为一名具有现代军事素质的指挥员，树立了一个革命军人、共产党员的光辉形象。1991 年 4 月，组织部队手榴弹实弹投掷训练时，为保护战友光荣牺牲。被中央军委授予献身国防现代化的模范干部荣誉称号，全军挂像英模，2009 年当选100 位新中国成立以来感动中国人物。

谷文昌

谷文昌（1915—1981），男，汉族，中共党员，1915 年 10 月生，河南林州人，生前系福建省东山县委书记。他在东山县工作 14 年间，带领群众与风灾、旱灾抗争，植树造林，兴修水利，改善交通，发展生产，把一个风沙肆虐的荒岛变成生机盎然的东海绿洲，为经济建设和社会发展奠定了坚实的基础，赢得了东山十万民心。"文革"期间，被下放到宁化县河口公社红旗大队，带领当地百姓兴建隆陂水库、改良土壤实现水稻亩产上千斤，被誉为"县委书记的好榜样"。2009 年当选 100 位新中国成立以来感动中国人物。

邱少云

邱少云（1926—1952），男，汉族，中共党员，1926年7月生，四川铜梁人，1949年12月入伍，生前系中国人民志愿军第十五军二十九师八十七团九连战士。1952年10月，他在距敌前沿阵地60多米的草丛中潜伏时，为避免暴露任烈火烧焦身体而一动不动，直至壮烈牺牲。朝鲜民主主义人民共和国追授他金星奖章、一级国旗勋章。被志愿军总部追记特等功，授予一级英雄荣誉称号。2009年当选100位新中国成立以来感动中国人物。

邱光华

　　邱光华（1957—2008），男，羌族，中共党员，1957 年 4 月生，四川茂县人，1974 年 4 月入伍，生前系陆航某团副师职特级飞行员，四种气象飞行指挥员。他是我军 1974 年经周恩来总理亲自批准挑选的第一批少数民族飞行员之一，从事飞行工作 33 年，多次执行军事演习、卫星回收和抢险救灾等重大任务，总飞行时间 5800 多小时。2008 年 "5·12" 汶川大地震后，他不顾家中严重受灾，主动请战飞赴重灾区，在执行任务返航途中飞机不幸失事遇难。荣立二等功 2 次、三等功 4 次，被中央军委追记一等功。2009 年当选 100 位新中国成立以来感动中国人物。

邱娥国

邱娥国，男，汉族，中共党员，1946年5月生，江西进贤人。江西省南昌市公安局特警支队原调研员。从警27年来，他秉承"人民公安为人民"的执法为民理念，大胆创新勤务模式，勇于破解基层治理难题，摸索总结出户籍民警"一图二决三本四勤"和"串百家门，认百家人，知百家情，办百家事"工作法，创立"警民联系卡"等便民措施，在全国公安系统推广，为基层治理发挥重要作用，被誉为"群众的贴心人"。党的十五大代表，第十届全国人大代表，多次荣立个人一、二、三等功，荣获改革先锋、全国优秀共产党员、全国先进工作者、全国道德模范、全国公安系统一级英雄模范等荣誉称号。2009年当选100位新中国成立以来感动中国人物。

邹碧华

邹碧华（1967—2014），男，汉族，中共党员，1967 年 1 月生，江西奉新人，生前系上海市高级人民法院党组成员、副院长，兼任上海法院司法改革领导小组成员。他将信息化前沿性技术引入司法改革，主持起草司法改革多项制度，在全国率先提出司法体制改革项目化管理理念，为上海司法改革试点乃至全国司法体制改革作出突出贡献。2014 年 12 月 10 日因公殉职，终年 47 岁。被追授时代楷模、全国优秀共产党员，荣获改革先锋、全国模范法官等荣誉称号。

闵恩泽

　　闵恩泽（1924—2016），男，汉族，无党派人士，1924年2月生，四川成都人，生前系石油化工科学研究院总工程师、副院长，中国工程院院士，石油化工催化剂专家。他1955年在美国学成后冲破重重阻碍回国，主要从事石油炼制催化剂制造技术领域研究。他是我国炼油催化应用科学的奠基者，石油化工技术自主创新的先行者，绿色化学的开拓者，在国内外石油化工界享有崇高的声誉。为我国石油化工工业培养了大批科技人才，凝聚了产学研相结合的科技创新团队。2016年3月，因病逝世。荣获国家最高科学技术奖。

陈 征

陈征，男，汉族，中共党员，1928年4月生，江苏泰县人，福建师范大学原校长，福建师范大学教授，中国《资本论》研究会原副会长，全国高师《资本论》研究会会长，我国著名的马克思主义经济学家。他毕生致力于学习、研究、运用和发展马克思主义经济学，先后出版专著30余部，发表学术论文200余篇，特别是在现代科学劳动理论、社会主义城市地租理论、社会主义初级阶段经济纲领等领域作出理论创新，代表作《〈资本论〉解说》在国内外产生广泛影响，为打造国内具有重要影响力的马克思主义阵地作出贡献。第六、七、八届全国政协委员，获全国五一劳动奖章、荣获全国劳动模范等荣誉称号。

陈 贤

陈贤，女，汉族，中共党员，1972年8月生，安徽定远人，安徽开仁律师事务所主任。2014年以来，连续6年参加"1+1"中国法律援助志愿者行动，赴西藏、内蒙古、新疆等地区，为少数民族困难群体提供免费法律援助，办结法援案件600余件，为当事人挽回经济损失1000余万元，开展普法宣传讲座60多场。荣获全国道德模范、最美支边人物等荣誉称号。

陈俊武

陈俊武，男，汉族，中共党员，1927年3月生，福建福州人，中石化洛阳工程有限公司技术委员会名誉主任，中国石化集团科技委顾问，中国科学院院士，炼油工程技术专家，催化裂化工程技术奠基人，煤化工技术专家。先后指导设计了我国第一套年产60万吨流化催化裂化装置，第一套年产120万吨催化裂化装置，及时解决催化剂损耗大的技术难题，开创国内首次大型流态化工业测试技术。主持设计的项目多次荣获国家科技进步奖一等奖、全国优秀设计金奖，荣获全国优秀共产党员、全国劳动模范、全国优秀科技工作者等荣誉称号。

陈清洲

　　陈清洲，男，汉族，中共党员，1970 年 12 月生，福建厦门人，福建省厦门市公安局集美分局指挥情报中心教导员。从事交警工作期间，他创新农村道路交通安全管理模式，推行"亮灯"工程，使辖区道路交通秩序明显好转。他始终一心为民、热心公益，竭尽全力为群众办实事、解难事、做好事，运用新媒体渠道帮助找回失踪人员 300 余名。荣立个人一等功 1 次、二等功 2 次、三等功 2 次，荣获时代楷模、全国公安系统一级英雄模范、全国特级优秀人民警察等荣誉称号。

陈景润

陈景润(1933—1996),男,汉族,无党派人士,1933年5月生,福建福州人,生前系中国科学院数学研究所研究员,中国科学院学部委员,中国科学院院士。他在逆境中潜心学习,忘我钻研,取得解析数论研究领域多项重大成果。1973年在《中国科学》发表"1+2"详细证明,引起世界巨大轰动,被公认是对哥德巴赫猜想研究的重大贡献,是筛法理论的光辉顶点,国际数学界称之为"陈氏定理",至今仍在"哥德巴赫猜想"研究中保持世界领先水平。他的先进事迹和奋斗精神,激励着一代代青年发愤图强,勇攀科学高峰。第四至六届全国人大代表,荣获改革先锋称号,获国家自然科学奖一等奖、华罗庚数学奖。2009年当选100位新中国成立以来感动中国人物。

陈嘉庚

陈嘉庚（1874—1961），男，汉族，无党派人士，1874年10月生，福建厦门人，生前系中国人民政治协商会议全国委员会第一届委员、常委，第二、三届副主席。他是杰出的华侨实业家、教育事业家和社会活动家。广泛涉足销售、种植、加工、制造等多种行业，并率先实现橡胶的种植、生产、销售一条龙，被誉为"橡胶大王"。在缔造企业王国的同时，开创了倾资兴学的伟业，构建了包括幼稚园、小学、中学、女子师范、幼稚师范、水产、商科、农林部、国学部等在内的完整教育体系；领导南侨总会全力支持抗战，为抗战胜利贡献巨大力量。新中国成立后，为国家的建设和发展建言献策，维护华侨合法权益，推动华侨爱国大团结。2009年当选100位为新中国成立作出突出贡献的英雄模范人物。

麦贤得

　　麦贤得，男，汉族，中共党员，1945年12月生，广东饶平人，1963年12月入伍，中国人民解放军原91708部队副司令员。1965年在"八六"海战中担任611护卫艇机电兵，他在弹片插在头部、脑浆外露、鲜血粘住眼角和睫毛的情况下，仍然坚守战位，保证了机器正常运转和舰艇安全。被国防部授予战斗英雄荣誉称号，2017年获八一勋章。2009年当选100位新中国成立以来感动中国人物。

其美多吉

其美多吉，男，藏族，中共预备党员，1963年9月生，四川德格人，中国邮政集团公司四川省甘孜县分公司驾押组组长。30年来，他驾驶邮车往返于甘孜至德格平均海拔3500米的雪线邮路上。雀儿山隧道通车前，每次往返都要翻越海拔5050米的雀儿山垭口。他每年平均行驶5万公里，行车总里程140多万公里，从未发生过一起责任事故，他带领的班组连续30年保持机要通信质量全优，成为川藏线上的一面旗帜，被誉为"雪线邮路的幸福使者"。荣获时代楷模、全国邮政系统先进个人等荣誉称号，获全国五一劳动奖章。

卓嘎、央宗姐妹

卓嘎，女，藏族，中共党员，1961 年 9 月生，西藏隆子县人，西藏自治区山南市隆子县玉麦乡牧民；央宗，女，藏族，中共党员，1963 年 6 月生，西藏隆子县人，西藏自治区山南市隆子县玉麦乡牧民。20 世纪 60 年代以来，姐妹俩在父亲桑杰曲巴的影响和带领下，高举爱国主义伟大旗帜，始终秉持"家是玉麦，国是中国，放牧守边是职责"的坚定信念，几十年如一日以抵边放牧、巡逻的方式守护着祖国数千平方公里的国土，用实际行动践行了"再苦再累也要守好祖国每一寸土地"的郑重承诺，谱写了爱国守边的动人故事和时代赞歌。卓嘎、央宗姐妹荣获时代楷模、全国三八红旗手等荣誉称号。

单杏花

单杏花，女，汉族，中共党员，1974年3月生，江西婺源人，中国铁道科学研究院集团有限公司电子所副总工，从事铁路客票销售、客运营销决策辅助、客运收益管理、旅客服务等领域理论研究、信息系统研发和重大工程建设，被誉为"12306"系统最强大脑。中国铁路总公司"百千万人才"工程领军人物，获国家科技进步奖一等奖、中国计算机学会王选奖二等奖。党的十九大代表，荣获全国三八红旗手、全国五一巾帼标兵、最美铁路人等荣誉称号。

周令钊

周令钊，男，汉族，中共党员，1919年5月生，湖南平江人，中央美术学院教授。代表作有中华人民共和国的第一张海报《复活》、油画《五四运动》，他设计或参与设计的作品包括开国大典天安门城楼上的毛主席像、中华人民共和国国徽、少先队队旗、共青团团徽、第二至四套人民币等。他用手中妙笔，描绘出国家形象，展现民族荣光，被誉为中国艺术设计大师。在耄耋之年，他初心不改，心系祖国接班人培养，对美育工作、美术事业发展不懈追求，为国家培养了大批优秀人才。获中国文联第十届造型艺术成就奖。

周恩义

周恩义，男，满族，中共党员，1949 年 11 月生，辽宁彰武人，1965 年 8 月入伍，辽宁省盘锦市兴隆台区关心下一代工作委员会常务副主任，兴隆台区原区委常委、宣传部部长。担任区委宣传部部长时，全区的街道、社区，每年走两遍；去过所有的行政村、企业、学校，有的搞调研，有的常年蹲点。对他来说，坐炕头、蹲地头、钻猪圈、进大棚很自然、很寻常，敲门入户倾听群众意见、打出租车了解群众反映同样很自然、很寻常。2011 年 3 月退休后，担任兴隆台区关心下一代工作委员会常务副主任。党的十九大后，他经常深入社区、学校、机关单位宣讲十九大精神，两个月里共宣讲十九大精神 20 场次。

孟　泰

孟泰（1898—1967），男，汉族，中共党员，1898 年 8 月生，河北丰润人，鞍钢炼铁厂配管组组长、工人技术员，生前系鞍山钢铁公司炼铁厂副厂长、工会副主席。他爱厂如家、艰苦奋斗，常常在炼铁高炉旁奋战几十个昼夜不回家，从泥土中挖出旧备件上万件，建立起闻名全国的"孟泰仓库"，为鞍钢在新中国成立初期迅速恢复生产建设和发展作出重大贡献；他攻坚克难、勇于担当，解决了大量生产技术难题，率先发起成立工人技术协作协会，使鞍钢成为新中国"技术革新、技术革命和合理化建议"活动的发源地。1967 年 9 月 30 日病逝。第一至三届全国人大代表，荣获全国劳动模范荣誉称号。2009 年当选 100 位新中国成立以来感动中国人物。

孟二冬

孟二冬（1957—2006），男，汉族，中共党员，1957年1月生，安徽宿州人，生前系北京大学中文系教授。他淡泊名利，甘于寂寞，潜心治学，撰写《中国诗学通论》（合著）、《中唐诗歌之开拓与新变》等专著，完成《〈登科记考〉补正》，得到我国文学界和史学界的高度评价。在新疆石河子大学支教期间，他嗓子严重暗哑，但坚持为学生和教师授课，直至病倒在讲台上。在北京治疗期间，已患食管恶性肿瘤的他仍以顽强的毅力坦然面对病痛折磨，坚持课题研究和指导研究生的工作。被追授为全国优秀共产党员，获全国五一劳动奖章。2009年当选100位新中国成立以来感动中国人物。

孟祥飞

孟祥飞，男，汉族，中共党员，1979年10月生，山东临沂人，国家超级计算天津中心党支部书记、应用研发部部长。他长期负责我国重大自主创新成果"天河"系列超级计算机的应用技术研发与开拓，实现其在航空航天、气候气象等数十个领域的广泛应用。带领团队开发国际首款大规模异构并行模拟软件，使"天河"成为可控核聚变研究的领先平台。参与"我国雾霾预警预报与评估系统"研发，构建我国第一个高分辨率雾霾预报准业务化平台。与相关单位合作开发高精度勘探地震数据处理软件，完成多项高密度勘探等国际领先项目。2016年成为"十三五"国家重点研发计划高性能计算领域最年轻的项目首席。获得多项省部级以上科技进步奖。

尚金锁

尚金锁，男，汉族，中共党员，1951 年 10 月生，河北柏乡人，河北柏乡国家粮食储备库党支部书记、主任。他从事粮食工作 50 年，崇严尚实，执着追求，为国为民看好库管好粮，是新时代粮食行业锐意改革、勇于创新的优秀代表，是当地经济社会发展的"金名片"。完成 16 项科学保粮项目，保粮成果走出中国走向世界；创下粮食经营、管理和科学保粮等方面的 10 项全国之最，在全国粮食行业树立起一面旗帜；帮助农民种好粮、管好粮、卖好粮，成为乡亲们的"贴心人"。第九至十三届全国人大代表，荣获全国劳动模范、全国优秀党务工作者、全国道德模范等荣誉称号，获全国五一劳动奖章。

岳振华

　　岳振华（1925—2013），男，汉族，中共党员，1925 年 5 月生，河北望都人，生前系原北京军区空军副参谋长、"英雄营"首任营长。作为中国首批组建地空导弹营的首任营长，在国土防空作战中，他带领部队开创世界防空史上用地空导弹击落飞机的先河，随后拖着导弹打游击，五下江南、六进西北，研究运用"近快战法"4 次击落美蒋高空侦察机。被国防部授予空军战斗英雄荣誉称号，荣获三级独立自由勋章、三级解放勋章。1978 年全国科学大会上，岳振华等创立的"近快战法"荣获一等奖。

杰桑·索南达杰

杰桑·索南达杰（1954—1994），男，藏族，中共党员，1954 年 4 月生，青海治多人，生前系青海省治多县委副书记、县西部工委书记。1994 年 1 月 18 日，他和 4 名队员在可可西里抓获 20 名盗猎分子，缴获 7 辆汽车和 1800 多张藏羚羊皮，在押送犯罪分子返县途中，遭犯罪分子袭击。他在无人区与持枪偷猎者对峙，流尽最后一滴血。荣获改革先锋、环保卫士等荣誉称号。

林巧稚

林巧稚（1901—1983），女，汉族，无党派人士，1901年生，福建厦门人，生前系北京协和医院妇产科主任，中国医学科学院副院长，著名临床医学家和医学教育家，中国科学院首届学部委员。她对胎儿宫内呼吸窘迫、女性生殖道结核、滋养细胞肿瘤和其他妇科肿瘤进行研究，成功诊治新生儿溶血症。她为新中国妇产科学的创建和发展倾注了大量心血，筹建北京妇产医院，亲手接生5万多个孩子，带头主编科普读物，为我国妇产科学界培养了一代又一代优秀接班人，造福了亿万妇女儿童。第一至五届全国人大代表，荣获全国三八红旗手荣誉称号。2009年当选100位新中国成立以来感动中国人物。

林秀贞

林秀贞，女，汉族，中共党员，1946年3月生，河北枣强人，河北省枣强县王常乡南臣赞村村民。她视社会责任为己任，三十年如一日义务赡养6位与自己及家庭成员无任何血缘关系的孤寡老人，为8位残疾人传授生产技术、安排就业岗位，帮助他们解决婚姻、治病等许多生活困难，还帮助29名与自己没有任何血缘关系的困难群众走出困境。荣获全国优秀共产党员、全国三八红旗手、全国道德模范等荣誉称号。2009年当选100位新中国成立以来感动中国人物。

林俊德

　　林俊德（1938—2012），男，汉族，中共党员，1938 年 3 月生，福建永春人，中国工程院院士，生前系原总装备部某基地研究员。他投身国防科技事业 50 多年，是我国爆炸力学与核试验工程领域著名专家，年过七旬依然战斗在科研试验第一线，最终病逝在工作岗位上。1990 年被国家评为有突出贡献的中青年专家，同年光荣参加团中央"奋斗者的足迹"知识分子报告团，1999 年特邀出席"两弹一星"突出贡献科技专家表彰大会。荣立一等功 1 次、二等功 1 次、三等功 2 次，被中央军委授予献身国防科技事业杰出科学家荣誉称号，全军挂像英模。

欧阳海

欧阳海（1940—1963），男，汉族，中共党员，1940年4月生，湖南桂阳人，1959年1月入伍，中国人民解放军原68302部队七连班长。1963年11月，他所在部队野营训练经过铁轨时，在列车与脱缰战马即将相撞的危急时刻，他奋不顾身推开战马，避免了列车出轨，自己却被轧断左腿，经抢救无效壮烈牺牲。被原广州军区授予爱民模范荣誉称号，追记一等功。他生前所在班被国防部命名为"欧阳海班"。2009年当选100位新中国成立以来感动中国人物。

罗 阳

罗阳（1961—2012），男，汉族，中共党员，1961年6月生，辽宁沈阳人，生前系航空工业沈阳飞机工业（集团）有限公司董事长、总经理。1982年参加工作以来，立足航空一线，在平凡的岗位上缔造了卓越功勋。任职期间，以"十个统筹"指导企业发展，企业主要经济指标连年增长。他把军机研制生产作为最大的政治，"十一五"时期，完成了多个型号新机首飞和设计定型，实现了国家战略工程项目的重大突破和生产能力的新突破。2012年11月25日，作为歼—15飞机的现场研制总指挥，他随我国第一艘航空母舰辽宁舰出海执行歼—15舰载机首次起降训练。任务完成后返回大连当日，突发心肌梗塞、心源性猝死，以身殉职。荣获改革先锋等荣誉称号。

罗健夫

罗健夫（1935—1982），男，汉族，中共党员，1935年9月生，湖南湘乡人，生前系原航天工业部771所工程师。1969年，他作为课题组组长开始研制国家空白项目——图形发生器，先后研制出第一台"图形发生器"和"Ⅱ型图形发生器"，为我国航天工业作出重大贡献。为了事业，他把个人生活简化到不能再简化，身上穿戴的仍是当年部队发的旧军装。家人为他添置衣物的钱，常常被用来买科研需要的书籍。1982年调试设备时突然病倒，被诊断为晚期淋巴癌，于6月16日医治无效去世，年仅47岁。获全国科学大会奖，被追授全国劳动模范荣誉称号。2009年当选100位新中国成立以来感动中国人物。

罗盛教

罗盛教（1931—1952），男，汉族，1931年4月生，湖南新化人，1949年11月入伍，生前系中国人民志愿军第四十七军一四一师直属侦察连文书。1952年1月为救跌进冰窟的朝鲜少年崔莹英勇献身。被朝鲜民主主义人民共和国授予一级国旗勋章和一级战士荣誉勋章。被志愿军总部追记特等功，授予一级爱民模范荣誉称号。2009年当选100位新中国成立以来感动中国人物。

范玉恕

范玉恕，男，汉族，中共党员，1952年3月生，河北沧州人，天津三建建筑工程有限公司原项目经理、副总工程师。从事施工管理40余年来，先后组织完成了30项、50余万平方米的重大施工任务，工程质量项项优良。他视质量如生命，全心全意为人民服务，做群众信得过的建房人。多年来，他自觉恪守"老老实实做人、结结实实盖楼"的人生理念，努力为党和人民筑造更多的优质工程、精品工程、放心工程，是全国建设系统的一面旗帜。党的十六大代表，荣获全国劳动模范等荣誉称号，获全国五一劳动奖章。

茅以升

茅以升（1896—1989），男，汉族，中共党员，九三学社社员，1896年1月生，江苏镇江人，生前系九三学社中央名誉主席，中国铁道科学研究院院长，中国科协名誉主席，土木工程学家，桥梁专家，中国科学院院士。他设计并主持建造了我国第一座铁路公路两用大桥——钱塘江大桥，参与修建了武汉长江大桥；原北方交通大学的第一位校长，为祖国培养了大批优秀工程技术人才；在中国铁道科学研究院工作30余年，为我国铁路事业发展作出卓越贡献。九三学社第五至七届中央副主席、第八届中央名誉主席，第六届全国政协副主席。

郑守仁

　　郑守仁（1940—2020），男，汉族，中共党员，1940 年 1 月生，安徽颍上人，水利部长江水利委员会原总工程师，三峡工程设计总负责人，中国工程院院士。从事水利工程设计 50 余年，先后负责乌江渡、葛洲坝导截流设计、隔河岩现场全过程设计。1994 年以来负责三峡工程设计工作，主持三峡工程单项技术设计、招标设计、施工图设计。几十年来，他长驻施工现场，带动广大技术人员深入实际，解决各种技术问题，为确保隔河岩工程质量优良、提前一年发电和三峡大江截流及导流明渠截流、三峡二期围堰和三期碾压混凝土围堰设计等工程建设作出突出贡献，为我国水利水电建设和促进科学技术进步作出重要贡献。

郑学勤

　　郑学勤，男，汉族，中共党员，1929 年 7 月生，海南海口人，中国热带农业科学院热带生物技术研究所首席顾问。1952 年从北京大学毕业后到海南工作，至今工作 66 年。他热爱热带生物技术研究事业，潜心研究 30 年，培育出天然橡胶新品种，为国家创利税 53 亿元；亲赴亚马孙原始森林采集野生橡胶新种质 900 个；研究陆侨无核荔枝，发现无核荔枝新品种；发现诺尼具有抗细菌、抗真菌、抗癌等功效；抓好研究队伍建设，培养博士生 30 名。获国家科学技术进步奖一、二等奖，何梁何利科学与技术创新奖，荣获全国先进工作者等荣誉称号。

郑垧靖

郑垧靖（1971—2009），男，汉族，中共党员，1971 年 8 月生，云南龙陵人，生前系云南省龙陵县平达乡宣传委员。履职尽责，白天扛着设备走村串寨写新闻，晚上连夜编辑文稿，制作了《平达乡宣传画册》和 10 个村委会的影视宣传资料；他在调频广播中创办了"民情热线"等栏目，宣传党的路线方针政策和支农惠农政策。他心系群众，挨家挨户做群众工作，鼓励群众发展烤烟、茶叶、核桃等产业，力促群众脱贫致富。2009 年 12 月 14 日因公殉职，年仅 38 岁。2011 年中共中央组织部追授郑垧靖同志为全国优秀共产党员。

郑培民

郑培民（1943—2002），男，汉族，中共党员，1943 年 7 月生，河北武安人，生前系湖南省委副书记，省人大常委会副主任。从 1983 年 6 月起，先后任中共湘潭市委副书记、书记，中共湘西土家族苗族自治州党委书记，湖南省人民政府副省长。在担任领导职务的近 20 年里，他始终把"做官先做人，万事民为先"作为自己的行为准则，廉洁从政，艰苦奋斗，尽职尽责，鞠躬尽瘁，真心诚意地为人民谋利益，以自己的模范行为和崇高品德，赢得了群众的广泛赞誉，体现了当代共产党人的精神风貌，被人们亲切地称为"为民书记"。2002 年 3 月 11 日，因突发心肌梗塞病逝。

郑德荣

郑德荣（1926—2018），男，汉族，中共党员，1926 年 1 月生，吉林延吉人，生前系东北师范大学教授、副校长，我国著名中共党史专家，马克思主义中国化研究的重要开拓者和奠基人。他毕生追求、信仰、研究、宣传马克思主义，67 年来始终坚守在教学科研一线，出版学术著作和教材 50 余部。他学高德馨、以身垂范，把传承红色基因贯穿立德树人全过程，把党的创新理论贯穿学术研究全过程。他品行高洁、虚怀若谷，从不为自己谋取特殊照顾，赢得广大师生和学界敬仰。被追授改革先锋、全国优秀共产党员、全国优秀教师等荣誉称号。

金玉琴

金玉琴，女，布依族，中共党员，1974年2月生，贵州福泉人，安徽省黟县洪星乡红光村党支部书记、村委会主任，黟县妇联副主席（兼职）。她扎根深山十余年，带领村民艰苦奋斗、创新创业，设立"金玉琴党代表工作室"，倾听群众呼声，解决村民难事。她采用"农户+基地+合作社+公司"模式，建成1个村级合作社，落户2000万元工业项目，带动村民就业致富，使偏僻小山村旧貌换新颜。党的十八、十九大代表，荣获全国劳动模范、全国优秀党务工作者等荣誉称号。

金茂芳

金茂芳，女，回族，中共党员，1933 年 11 月生，山东济宁人，新疆生产建设兵团农八师石河子市石油公司退休职工。1952 年报名参加新疆生产建设兵团援建新疆，成为新中国第一代女军垦。1958 年至 1964 年担任"莫特斯"机车组组长期间，工作时间共计 3.3 万小时，完成 25.83 万个标准亩，节约油料 5 万多公斤，机车越过 6 个大修期，节约费用 8 万多元。曾创下一天播种 120 亩地的劳动纪录。荣获全国劳动模范、全国三八红旗手等荣誉称号。

金春燮

　　金春燮，男，朝鲜族，中共党员，1947年10月生，黑龙江梅林人，吉林省汪清县关心下一代工作委员会主任。他十几年如一日，始终秉承共产党人本色，心怀忧患，胸有担当，退伍不褪色，退休不退岗，执着挖掘抗联英烈事迹，努力重现抗联历史遗迹，痴心传播抗联伟大精神，关心培育下一代健康成人成长成才，以实际行动赢得了社会各界的尊敬和爱戴。荣获时代楷模、全国离退休干部先进个人、全国关心下一代先进工作者、民族团结模范个人等荣誉称号。

侯　隽

　　侯隽，女，汉族，中共党员，1943年生，北京市人，天津市宝坻区政协原主席。1962年高中毕业后放弃高考，只身从北京来到天津宝坻县窦家村（今属史各庄乡）安家落户，立志做一个社会主义新型农民。1963年7月，共青团天津地委发出《关于在知识青年中开展学习侯隽事迹的通知》，在天津地区青少年中掀起学习侯隽的热潮。2001年1月，57岁的侯隽出任宝坻县政协主席，当年9月撤县设区后，侯隽一直担任宝坻区政协主席直至2007年5月退休。

南仁东

南仁东（1945—2017），男，满族，1945 年 2 月生，吉林辽源人，生前系国家重大科技基础设施 FAST 工程首席科学家兼总工程师。他潜心天文研究，坚持自主创新，主导提出利用我国贵州省喀斯特洼地作为望远镜台址，从论证立项到选址建设历时 22 年，主持攻克了一系列技术难题，为 FAST 重大科学工程建设发挥了关键作用，实现了中国拥有世界一流水平望远镜的梦想。他的爱国情怀、科学精神和勇于担当堪称楷模，激励着广大科技工作者继往开来、不懈奋斗。荣获改革先锋、时代楷模等荣誉称号，全国创新争先奖。

姚玉峰

姚玉峰，男，汉族，中共党员，1962 年 5 月生，浙江温州人，浙江大学医学院附属邵逸夫医院眼科主任。他留学后婉拒国外名校高薪聘请毅然回国，20 多年来致力于眼科角膜移植研究与创新。独创的角膜移植术，成功解决了排斥反应这一世纪难题，被国际眼科界命名为"姚氏法角膜移植术"，治疗病人 30 万例，让近 3 万患者重见光明。毫无保留地开展技术培训与推广，为我国建立了一个现代学科，带出一批具有国际眼光的专业人才，建立了与国际接轨的眼库。荣获全国道德模范、最美医生等荣誉称号。

柯小海

柯小海，男，汉族，中共党员，1976 年 10 月生，陕西黄陵人，陕西省黄陵县双龙镇索洛湾村党支部书记。他用满腔热情，聚民力、挖潜力，带动党员创业，引领群众创收，抓好群众致富产业，教给群众致富本领，积极建设美好家园。通过他和村委会一班人的共同努力，该村的人均纯收入及社会影响力发生了翻天覆地的变化。党的十九大代表，荣获全国优秀共产党员、全国劳动模范等荣誉称号。

祝榆生

祝榆生（1918—2014），男，汉族，中共党员，1918年11月生，重庆巴县人，生前系原兵器工业部科技委副主任兼秘书长，三代主战坦克总设计师。革命战争年代在武器试验中，他身先士卒排除险情，年仅30岁就痛失右臂；66岁担任三代坦克总设计师，带领团队攻坚克难、锐意创新，历经十五载圆满完成我国新型主战坦克研制任务，实现我国主战坦克由仿研到自主研发的历史性跨越，跻身世界先进坦克行列。三代坦克获国家科学技术进步奖一等奖。荣获全国战斗英雄等荣誉称号。

胡仁宇

胡仁宇，男，汉族，中共党员，1931年7月生，浙江江山人，中国工程物理研究院高级科学顾问。我国杰出的实验核物理专家，在核爆近区测量某高难度技术方案的审定和实施过程中发挥重要作用。他共组织6次核试验，全部亲临现场参与组织指挥，为确保每次试验圆满成功作出历史性成就。他提出应发挥综合技术优势，深化战略武器研制、高技术跟踪、常规兵器研究、民品开发生产四项任务，进一步明确实施军民融合的具体途径和发展方向。获国家自然科学奖一等奖、国家发明奖二等奖，两次获国家科技进步奖特等奖，两次被评为国家级有突出贡献中青年专家。

胡福明

胡福明，男，汉族，中共党员，1935年7月生，江苏无锡人，江苏省政协原副主席，南京大学教授。他是《实践是检验真理的唯一标准》的主要起草人。文章于1978年5月11日在《光明日报》发表后，全国范围内掀起一场关于真理标准问题的大讨论，拉开了解放思想的序幕，对于重新确立起我们党的马克思主义思想路线具有重要历史意义，深刻影响了现代中国的历史进程。荣获改革先锋等荣誉称号。

草原英雄小姐妹龙梅、玉荣

　　龙梅，女，蒙古族，中共党员，1952年9月生，辽宁阜新人，内蒙古自治区包头市东河区政协原主席；玉荣，女，蒙古族，中共党员，1955年3月生，辽宁阜新人，内蒙古自治区残疾人福利基金会理事长。1964年2月9日，年仅12岁的龙梅、9岁的玉荣，在放牧集体羊群时突遇暴风雪，在零下37摄氏度的严寒中，她们追随羊群，与暴风雪搏斗了一昼夜，用生命保护了集体财产，但最终由于冻伤严重落下终身残疾，草原英雄小姐妹成为闻名全国的少年英雄。50多年来，草原英雄小姐妹在党的教育和关怀下，不忘初心，努力工作，以实际行动回馈祖国和人民。她们的英雄事迹鼓舞、激励了一代代青少年爱国爱家、奋发向上。2009年当选100位新中国成立以来感动中国人物。

贺星龙

　　贺星龙，男，汉族，中共党员，1980 年 10 月生，山西大宁人，山西省大宁县徐家垛乡乐堂村乡村医生。2000 年，运城卫校毕业的贺星龙返乡成为一名村医、防疫医生。19 年来，他恪守 "24 小时上门服务" 的出诊承诺，一个电话，随叫随到，骑坏 7 辆摩托车，用烂 12 个行医包，累计出诊约 17 万人次，免收出诊费 35 万余元，为五保户患者免费贴药达 4 万元，深受患者的赞誉。党的十九大代表，荣获全国脱贫攻坚贡献奖、全国五四青年奖章、白求恩奖章，获最美医生等荣誉称号。

赵亚夫

赵亚夫，男，汉族，中共党员，1941年4月生，江苏常州人，江苏省镇江市人大常委会原副主任，镇江市农科所原所长、党委书记。他扎根农村，献身农业，与农民一道艰苦探索，开辟一条通过科技兴农、以农富农，实现"农民共同富裕、农业生态高效、农村可持续发展"的新型农村小康社会建设之路，带领数十万老区农民实现了"小康梦"。党的十四大代表，荣获时代楷模、全国优秀共产党员、全国道德模范、全国优秀领导干部、全国扶贫先进人物、全国先进工作者等荣誉称号。

赵梦桃

　　赵梦桃（1935—1963），女，汉族，中共党员，1935年11月生，河南洛阳人，生前系原西北国棉一厂工人。她是我国纺织战线的一面旗帜。1951年，16岁的赵梦桃进入陕西西北国棉一厂，1952年至1959年的7年间，她创造了月月完成生产计划、年年均衡生产的好成绩。在她的影响和带动下，"人人当先进，个个争劳模"蔚然成风。1956年，在参加全国先进生产者代表大会期间，她观摩了同行"双手咬皮辊花"的技术表演，当即用糖葫芦杆当咬花辊反复练习，回厂第二天就把这种操作技术传授给大家。1963年，她又创造了一套先进的清洁检查操作法，并在陕西省全面推广，极大提高了工作效率。党的八大代表，荣获全国三八红旗手称号、全国先进生产者等荣誉称号。2009年当选100位新中国成立以来感动中国人物。

郝振山

郝振山，男，汉族，中共党员，1969年1月生，山东东营人，中海油田服务股份有限公司钻井事业部深圳作业公司经理。他勇担"我为祖国献石油"重任，30年扎根海上一线，不甘人后，凭借真功夫成为我国半潜式钻井平台上顶替外方司钻的第一个中国人；勇于管理创新，打造海上钻井铁军，在海外擦亮中国名片，为推动我国海洋石油工业发展作出了积极贡献。2010年我国建成海上大庆油田，他"海上铁人"的称号广为传扬。第十三届全国政协委员，荣获全国劳动模范等荣誉称号。

钟 扬

钟扬（1964—2017），男，汉族，中共党员，1964年5月生，湖南邵阳人，生前系复旦大学研究生院院长、生命科学学院教授。他长期从事植物学、生物信息学研究和教学工作，取得一系列重要研究成果。率领团队在青藏高原为国家收集了数千万颗植物种子；艰苦援藏16年，为西部少数民族地区的人才培养、学科建设和科学研究作出了重要贡献；以德修身、以德立学，用心尽力帮助学生成才。2017年9月25日，他在为民族地区干部讲课的出差途中遭遇车祸，不幸逝世，年仅53岁。被追授时代楷模、全国优秀共产党员等荣誉称号。

钟南山

钟南山，男，汉族，中共党员，1936 年 10 月生，福建厦门人，广州医科大学附属第一医院国家呼吸系统疾病临床医学研究中心主任，中国工程院院士。2003 年抗击"非典"中，他不顾生命危险救治危重病人，奔赴疫区指导医疗救治工作，主持制定我国"非典"等急性传染病诊治指南，为战胜"非典"疫情作出重要贡献。主动向公众普及卫生知识，积极建言献策推动公共卫生应急体系建设，为夺取应对甲型流感、H7N9 禽流感等突发公共卫生事件的胜利发挥了重要作用。荣获改革先锋、全国先进工作者、全国道德模范等荣誉称号，获国家科学技术进步奖一等奖、白求恩奖章。2009 年当选 100 位新中国成立以来感动中国人物。

凌尚前

凌尚前，男，汉族，中共党员，1963年2月生，广西那坡人，广西壮族自治区那坡县天池国防民兵哨所原哨长。1981年初上哨所至今，已坚守了38个年头。他历任哨员、副哨长、哨长，多次经历战火生死考验、艰苦环境考验、走留得失考验和边境开放后利益诱惑考验，始终不忘初心、为国巡哨，被誉为矗立边关的"忠诚界碑"。所在哨所荣立集体一等功1次，二等功2次，三等功5次。个人先后荣立二等功1次，三等功3次。

夏菊花

夏菊花，女，汉族，中共党员，1937年10月生，安徽潜山人，中国杂技家协会名誉主席、著名杂技表演艺术家，国家一级演员。她为传承保护中国杂技文脉和武汉杂技文化不遗余力，创作表演了具有中国民族风格的《顶碗》和《柔术咬花》节目，受到国内外广大观众的欢迎和赞赏。曾于1957年夺得第六届世界青年联欢节金奖，20世纪60年代赢得"一朵红花""杂技皇后"美誉，成为中国传统文化保护传承领域具有引领性、创新性、示范性的标志性人物。荣获全国三八红旗手等荣誉称号。

容国团

容国团（1937—1968），男，汉族，1937年8月生，广东中山（今珠海）人，生前系中国男子乒乓球队运动员。他是中国乒乓球乃至中国体育界第一个世界冠军。从小学习乒乓球，15岁时即代表香港工联乒乓球队参加比赛。1959年，在第二十五届世界乒乓球锦标赛上，为中国夺得了第一个乒乓球男子单打世界冠军。1961年，在第二十六届世乒赛上，他作为中国男子团体的主力队员之一，与队友一起夺取了中国第一个男子团体世界冠军。担任中国女队教练期间，他率队夺取了我国乒乓球第一个女子团体冠军。2009年当选100位新中国成立以来感动中国人物。

徐 虎

　　徐虎，男，汉族，中共党员，1950年12月生，上海市人，上海西部企业（集团）有限公司原集团物业总监。他长期从事水电维修工作，20世纪80年代开始，利用业余时间义务为居民修理2100余处故障，花费6300多小时，彰显"辛苦我一人，方便千万家"的奋斗奉献精神，深受广大人民群众的欢迎和喜爱。在上海各行各业的服务热线中，24小时"徐虎热线"的知名度、美誉度始终名列前茅。他把自己的专业技能和服务理念传授给徒弟，形成了广泛的"徐虎效应"。党的十五大代表，荣获全国优秀共产党员、全国劳动模范等荣誉称号。2009年当选100位新中国成立以来感动中国人物。

徐立平

徐立平，男，汉族，中共党员，1968年10月生，江苏溧阳人，中国航天科技集团有限公司第四研究院7416厂高级技师。30多年来，徐立平立足航天固体发动机整形岗位，不惧危险，执着坚守，勇于担当，练就一身绝技绝招，为火箭上天、导弹发射、神舟遨游"精雕细刻"，是新时代雕刻火药、为国铸剑的大国工匠。第十三届全国人大代表，荣获时代楷模、最美航天人、全国技术能手等荣誉称号，获全国五一劳动奖章、中华技能大奖。

柴生芳

柴生芳（1969—2014），男，汉族，中共党员，1969年7月生，甘肃宁县人，生前系甘肃省临洮县委副书记、县长。在定西工作的8年时间里，他夙夜在公、全身心扑在党和人民的事业上，每天工作都在12小时以上。他谋划发展，调研提出"五个到村到户"精准扶贫工作思路，为临洮县300多个村全部确定了主导产业，创建了"全省精准扶贫示范县"。他心系百姓、情系民生、勇于担当，在临洮县工作期间跑遍了全县绝大多数行政村，走访和接待群众近5000人次，千方百计解决群众吃水难、行路难、上学难、看病难等现实问题。2014年8月15日凌晨在办公室突发疾病去世，年仅45岁。被追授时代楷模、全国优秀共产党员等称号。

格 扎

　　格扎，男，藏族，中共党员，1976 年 5 月生，青海玉树人，青海省玉树市上拉秀乡党委副书记、乡长。他是在党的关怀下成长起来的一名优秀少数民族干部，参加工作 20 多年来，一心扑在牧民群众身上，在海拔 4000 米的雪域高原，始终奋斗在脱贫攻坚一线，不顾高寒缺氧，不顾气候恶劣，办公在草滩、吃住在山间，亲临各村社、各贫困户家中讲解政策、算账对比、共商大计，与牧民群众一道轮流放牧、保护草场，全乡干部群众亲切地称他为"放牧乡长"，脱贫致富的"总指挥"，心系发展的"领路人"。

秦 怡

秦怡（1922—2022），女，汉族，中共党员，1922 年 1 月生，上海市人，上海电影集团有限公司艺委会顾问、一级演员。她坚持文艺为社会主义服务、以人民为中心的创作导向，主演了《铁道游击队》《青春之歌》《女篮五号》等 30 多部影片，塑造了多个脍炙人口的艺术形象。第三至五届全国政协委员，荣获全国优秀共产党等荣誉称号，获全国五一劳动奖章。

秦文贵

秦文贵，男，汉族，中共党员，1961年9月生，河北平山人，中国石油天然气集团有限公司华油集团党委书记、副总经理、工会主席。1982年大学毕业的他一头扎进海拔最高、环境最艰苦的青海油田，一干就是20年，成为高原戈壁上的石油钻井工程技术专家。他学以致用，创新应用新技术、新工艺，攻克一系列技术和施工难关，战胜了无数难以想象的困难，为我国石油工业发展作出重要贡献，在高原荒漠上写下了石油精神践行者的足迹。荣获中国青年五四奖章、全国劳动模范等荣誉称号。2009年当选100位新中国成立以来感动中国人物。

秦振华

秦振华，男，汉族，中共党员，1936年3月生，江苏张家港人，江苏省苏州市人大常委会原副主任，张家港市委原书记、人大常委会原主任。他大胆解放思想、勇于打破藩篱，抢抓机遇、奋力拼搏，推出一系列改革举措，推动张家港市经济社会跨越式发展，创下了28个"全国第一"，塑造了"团结拼搏、负重奋进、自加压力、敢于争先"的城市精神。张家港改革开放之后的快速崛起，被誉为"伟大理论的成功实践"。荣获改革先锋、全国优秀县（市）委书记、全国优秀党务工作者、全国离退休干部先进个人等荣誉称号。

袁 庚

袁庚（1917—2016），男，汉族，中共党员，1917年4月生，广东宝安人，生前系招商局集团常务副董事长。他不断冲破思想禁锢，大胆创新实践，提出了一系列与市场经济相适应的新观念，开展了一系列体制机制的新变革。率先在深圳打响改革开放"第一炮"，提出"时间就是金钱，效率就是生命"这一突破思想束缚、具有强大感召力的改革口号，创办培育了我国第一个外向型工业园区——蛇口工业区，成为我国改革开放"排头兵"。荣获改革先锋称号，获香港特别行政区政府金紫荆勋章。

袁隆平

袁隆平（1930—2021），男，汉族，无党派人士，1930 年 9 月生，江西德安人，中国工程院院士，国家杂交水稻工程技术研究中心研究员。他致力于杂交水稻研究，发明"三系法"籼型杂交水稻，成功研究出"二系法"杂交水稻，创建了超级杂交稻技术体系，使我国杂交水稻研究始终居世界领先水平。截至 2017 年，杂交水稻在我国已累计推广超 90 亿亩，共增产稻谷 6000 多亿公斤。多次赴印度、越南等国，传授杂交水稻技术以帮助克服粮食短缺和饥饿问题，为确保我国粮食安全和世界粮食供给作出了卓越贡献。第六至十二届全国政协常委，获国家最高科学技术奖、国家发明奖特等奖、国家科学技术进步奖特等奖，荣获改革先锋、全国道德模范等荣誉称号。2009 年当选 100 位新中国成立以来感动中国人物。

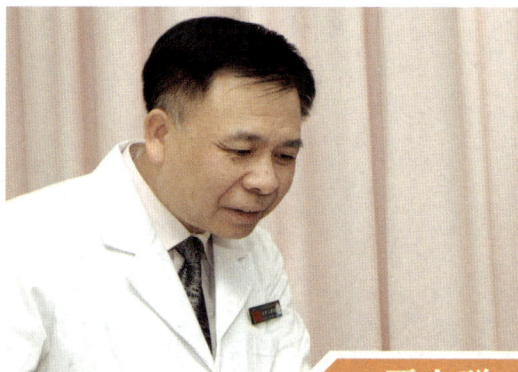

贾立群

贾立群，男，汉族，中共党员，1953 年 11 月生，河北丰润人，首都医科大学附属北京儿童医院超声科名誉主任，中华医学会超声医学分会常务委员。他是我国儿童超声领域的拓荒者，家长心中的"B 超神探"，从事 B 超检查 40 多年，练就"火眼金睛"；"24 小时服务、随叫随到"，是医疗战线上爱岗敬业、医术精湛、医德高尚、清正廉洁的优秀代表。党的十九大代表，荣获时代楷模、全国优秀共产党员、全国先进工作者等荣誉称号。

郭兰英

郭兰英，女，汉族，中共党员，1930 年 12 月生，山西平遥人，中国歌剧舞剧院一级演员。她为中国民族歌剧表演体系的建立和民族演唱艺术的发展作出开拓性贡献。新中国成立后，塑造了《白毛女》中的喜儿、《小二黑结婚》中的小芹等众多光彩夺目的舞台艺术形象。她演唱的《我的祖国》《南泥湾》《人说山西好风光》《八月十五月儿明》等脍炙人口的歌曲，历经半个多世纪传唱至今。

郭兴福

　　郭兴福（1930—1985），男，汉族，中共党员，1930 年 1 月生，山东邹平人，生前系原南京军区某团二连副连长。在带兵练兵实践中，他研究摸索出一套教学训练方法。在训练指导思想上，主张从难、从严、从实战需要出发训练部队，战士要练 200 米以内的硬功夫；在教学方法上提倡启发式、诱导式、研讨式，主张把战士训练活、训练精。这套训练方法，受到中央军委领导的重视和赞扬，被称为"郭兴福教学法"，在全军推广。荣立一等功、二等功各 1 次。

郭明义

郭明义，男，汉族，中共党员，1958年12月生，辽宁鞍山人，鞍钢集团矿业公司齐大山铁矿生产技术室采场公路管理业务主管，中华全国总工会兼职副主席。他四十多年如一日学雷锋做好事，时时处处发挥共产党员的先锋模范作用，被人民群众誉为"当代雷锋"。从2009年发起成立郭明义爱心团队，全国各地已建立1000余支分队，180多万名志愿者参加。第十八、十九届中央候补委员，荣获改革先锋、全国优秀共产党员、全国道德模范等荣誉称号，获全国五一劳动奖章。

都贵玛

都贵玛，女，蒙古族，中共党员，1942年生，内蒙古乌兰察布人，内蒙古自治区四子王旗脑木更苏木牧民，知名妇产科大夫。19岁起，她克服常人难以想象的困难，历经坎坷，将28名南方孤儿全部培育成人。通过自己的丹心妙手，拯救了众多年轻母亲的生命，为草原无私奉献了一生。荣获全国三八红旗手、全国民族团结进步先进个人等荣誉称号。

铁飞燕

铁飞燕，女，回族，中共党员，1992年8月生，云南昭通人，云南交投集团运营管理有限公司昆明东管理处团委副书记。2010年5月4日，随父亲到四川省绵阳市旅游，飞身跳河勇救4名落水少年，被誉为"最美90后女孩"。第十二届全国人大代表，荣获全国三八红旗手等荣誉称号。

顾方舟

顾方舟（1926—2019），男，汉族，中共党员，1926年6月生，浙江宁波人，生前系中国医学科学院北京协和医学院院长、研究员。他是我国脊髓灰质炎疫苗研发生产的拓荒者、科技攻关的先驱者，研发的脊髓灰质炎疫苗"糖丸"护佑了几代中国人的生命健康，让中国进入无脊髓灰质炎时代。荣获全国科学大会成果奖、全国消灭脊髓灰质炎工作先进个人。

高凤林

高凤林，男，汉族，中共党员，1962年3月生，河北东光人，首都航天机械有限公司高凤林班组组长，中华全国总工会兼职副主席。他是航天特种熔融焊接工，长三甲系列运载火箭、长征五号运载火箭的第一颗"心脏"（氢氧发动机喷管）都在他手中诞生。39年来，他为90多发火箭焊接过"心脏"，占我国火箭发射总数近四成，攻克了200多项航天焊接难关。2014年底他携3项成果参加德国纽伦堡国际发明展，全部摘得金奖。荣获全国劳动模范、全国道德模范等荣誉称号。

高铭暄

高铭暄，男，汉族，中共党员，1928 年 5 月生，浙江玉环人，中国人民大学法学院教授，中国刑法学研究会名誉会长，当代著名法学家和法学教育家。他是新中国刑法学的主要奠基者和开拓者，全程参与新中国第一部刑法典制定，是新中国第一位刑法学博士生导师，统编刑法学教科书的主编者，为我国刑法学的人才培养与科学研究作出重大贡献。

高德荣

　　高德荣，男，独龙族，中共党员，1954 年 3
月生，云南贡山人，历任云南省贡山独龙族怒族自
治县独龙江乡乡长、贡山县副县长、县人大常委会
主任、县长，怒江傈僳族自治州人大常委会副主任
等职务。他扎根边疆一生，一心为公、一心为民，
踏实做人、无私做事，不徇私情、不谋私利，把个
人的人生追求融入党和人民事业中，融入边疆各族
人民实现共同梦想的生动实践中，展示了一个心中
有党不忘恩、心中有民不忘本、心中有责不懈怠、
心中有戒不妄为的优秀民族干部形象。荣获时代楷
模、全国优秀共产党员、全国民族团结进步模范等
荣誉称号。

尉凤英

尉凤英，女，汉族，中共党员，1933年6月生，辽宁抚顺人，东北机器制造厂退休干部。1953年参加工作后，勤奋好学，钻研技术，第一年就实现两项技术革新；成功将手工送料改成自动送料，提高工效5倍；完成纱锭轴承电圈工艺，由车制改为冷冲压加工。1993年退休后仍发挥余热，经常出现在"关心下一代"的辅导活动中。第二、三届全国人大代表，第九、十届中央委员和第十一届中央候补委员。荣获全国先进生产者、全国三八红旗手等荣誉称号。

屠呦呦

屠呦呦，女，汉族，中共党员，1930年12月生，浙江宁波人，中国中医科学院青蒿素研究中心主任。她致力于中医研究实践，带领团队攻坚克难，研究发现了青蒿素，为人类带来了一种全新结构的抗疟新药，解决了长期困扰的抗疟治疗失效难题，标志着人类抗疟步入新纪元。以青蒿素类药物为基础的联合用药疗法（ACT）是世界卫生组织推介的最佳疟疾治疗方法，挽救了全球特别是发展中国家数百万人的生命，产生巨大的经济社会效益，为中医药科技创新和人类健康事业作出重要贡献。荣获诺贝尔生理学或医学奖、国家最高科学技术奖，获改革先锋、全国优秀共产党员、全国三八红旗手标兵等荣誉称号。

崔光日

崔光日，男，朝鲜族，中共党员，1966年4月生，吉林汪清人，吉林省汪清县公安局交通管理大队车辆管理中队指导员。从警30年来，他始终战斗在治安、缉私、缉毒、交通管理第一线，忠诚履职，攻坚克难，为维护社会和谐稳定作出了突出贡献。虽积劳成疾、身患重病，仍坚守在工作岗位上，以坚定的理想信念、忘我的工作精神、乐观的人生态度，展现了新时期共产党员和人民警察的价值追求。荣立个人一等功1次、三等功1次，荣获时代楷模、全国公安系统一级英模等荣誉称号。

崔根良

崔根良，男，汉族，中共党员，1958年5月生，江苏吴江人，亨通集团党委书记、董事局主席，全国工商联常委，江苏省工商联副主席。他始终勇立潮头，以爱党爱国为信念，以产业报国为己任，从创业到创新，从制造到创造，走出了一条自主创新发展之路，带领亨通集团打破国外技术垄断，成为中国在光纤通信领域唯一拥有光纤预制棒核心技术及自主产权的民族企业，跻身全球光纤通信前三强。第十二、十三届全国人大代表，荣获时代楷模等荣誉称号，获全国脱贫攻坚奖奉献奖、中华慈善奖。

崔道植

崔道植，男，朝鲜族，中共党员，1934 年 6 月生，吉林梅河口人，黑龙江省公安厅刑事技术处原正处级侦查员，中国首席枪弹痕迹鉴定专家，特邀刑侦专家。他是共和国第一代刑事技术警察，从事刑事技术工作 64 年，把全部精力倾注于公安事业，先后检验鉴定痕迹物证 7000 余件，参与办理 1200 余起重特大案件疑难痕迹鉴定，无一差错。退休 20 年来，全身心投入科研攻关、传道授业，为推动公安刑事技术创新发展作出了重要贡献。其多项发明获国家专利，获公安科学技术突出贡献奖，荣立个人二等功 1 次、三等功 6 次。

常香玉

常香玉（1923—2004），女，汉族，中共党员，1923 年 9 月生，河南巩义人，生前系河南豫剧院院长，河南省文化厅艺术顾问。著名豫剧表演艺术家，五大名旦之一，豫剧主要流派"常派"创始人。代表剧目有《花木兰》《西厢记》《白蛇传》《大祭桩》《破洪州》《朝阳沟》《拷红》《断桥》《人欢马叫》《红灯记》等。1951 年 8 月至 1952 年 3 月，常香玉率剧社巡回演出，募集资金捐献"香玉剧社号"战斗机。1953 年 4 月，率豫剧队到抗美援朝前线举办 180 多场慰问演出。第一至七届全国人大代表，荣获全国劳动模范、全国优秀文艺工作者等荣誉称号。2004 年 7 月，被国务院追授"人民艺术家"荣誉称号。2009 年当选 100 位新中国成立以来感动中国人物。

梁 军

梁军（1930—2020），女，汉族，中共党员，1930年4月生，黑龙江明水人，黑龙江省哈尔滨市原农机局总工程师。新中国第一代女拖拉机手，组建第一个女子拖拉机队并担任队长。她团结广大妇女群众，一道参加生产建设，为新中国农业机械化而奋斗。普及拖拉机驾驶和维修技术，培养众多拖拉机技术能手，为中国农业发展作出突出贡献。第一至三届全国人大代表，荣获全国劳动模范、新中国成立初期女性的杰出代表等荣誉称号。

梅兰芳

梅兰芳（1894—1961），男，汉族，中共党员，1894年10月生，江苏泰州人，生前系中国京剧院院长，中国戏曲研究院院长，中国戏剧家协会副主席，京剧表演艺术大师。他8岁学戏，9岁拜吴菱仙为师学青衣，10岁登台，后又求教于秦稚芬和胡二庚学花旦。1915年4月至1916年9月，新排演了《宦海潮》《牢狱鸳鸯》《思凡》等11出戏。曾赴日本、美国、苏联演出，并荣获美国波莫纳学院和南加州大学的荣誉文学博士学位。1961年8月8日，梅兰芳因病在北京病逝。

梅汝璈

梅汝璈（1904—1973），男，汉族，1904 年 11 月生，江西南昌人，著名律师、法学家，生前系全国人大法案委员会委员。1946 年代表中国出任远东国际军事法庭法官，参与了举世闻名的东京审判，对第一批 28 名日本甲级战犯的定罪量刑工作作出突出贡献。1950 年，担任外交部顾问，此后还担任世界和平理事会理事、中国人民外交学会常务理事、中国政法学会理事等职务，为中国的外交事业和法制建设作出积极贡献。第一届全国人大代表，第三、四届全国政协委员。

阎 肃

阎肃（1930—2016），男，汉族，中共党员，1930年5月生，河北保定人，1953年6月入伍，生前系空军原政治部文工团一级编剧。从艺60余年，他始终模范践行党的文艺路线，坚持以人民为中心的创作导向，战斗在讴歌主旋律、弘扬民族精神第一线，创作《江姐》《党的女儿》《我爱祖国的蓝天》等一大批红色经典，推出1000多部（首）深受人民群众喜爱、无愧于时代的精品力作，参与策划100多场重大文艺活动。荣立二等功1次、三等功4次，先后荣获中国歌剧艺术终身成就奖等多个重大奖项。荣获时代楷模、全国优秀共产党员等荣誉称号。

黄大发

黄大发，男，汉族，中共党员，1935 年 11 月生，贵州遵义人，贵州省遵义市播州区平正乡团结村党支部名誉书记。他先后担任生产队大队长，草王坝村（现播州区团结村）村委会主任、党支部书记等职务。面对山高坡陡、缺水致贫的状况，他带领村民们经过 36 年的不懈努力，修筑了一条主渠长 7200 米、支渠长 2200 米，绕三重大山、过三道绝壁、穿三道险崖的水渠，解决当地的缺水问题，改善当地的生活条件，被当地群众亲切地称为"大发渠"。荣获时代楷模、全国道德模范等荣誉称号，获全国脱贫攻坚奋进奖。

黄大年

黄大年（1958—2017），男，汉族，中共党员，1958年8月生，广西南宁人，生前系吉林大学地球探测科学与技术学院教授，著名地球物理学家。2009年，他毅然放弃国外优越条件回到祖国，带领团队辛勤奉献，顽强攻关，取得一系列重大科技成果，填补多项国内技术空白，部分成果达到国际领先水平，为我国深地资源探测和国防安全建设作出了突出贡献。2017年1月8日因病不幸去世，年仅58岁。2017年5月24日，习近平总书记对黄大年同志先进事迹作出重要指示。荣获时代楷模、全国优秀共产党员、全国五一劳动奖章、全国优秀教师等荣誉称号。

黄文秀

黄文秀（1989—2019），女，壮族，中共党员，1989年4月生，广西田阳人，生前系广西壮族自治区百色市委宣传部副科长，派驻乐业县百坭村党组织第一书记。她于北京师范大学毕业后回到百色革命老区工作，2018年初主动请缨到百坭村任第一书记，工作表现突出。2019年6月16日晚，冒雨开车返回工作岗位途中遭遇山洪，不幸因公牺牲，年仅30岁。习近平总书记对黄文秀同志先进事迹作出重要指示，褒扬她用美好青春诠释了共产党人的初心使命，谱写了新时代的青春之歌。荣获时代楷模、全国脱贫攻坚模范、全国三八红旗手等荣誉称号，获全国五一劳动奖章、全国青年五四奖章。

黄旭华

黄旭华，男，汉族，中共党员，1926年3月生，广东揭阳人，中船重工第七一九研究所名誉所长、中国工程院院士。曾先后担任我国核潜艇工程第一代副总设计师、总设计师，主持了第一代核潜艇的研制，先后突破了核潜艇最关键、最重大的七项技术，是我国核潜艇研制工程的先驱者，领导实现了我国核潜艇装备从无到有的历史性壮举。他为我国新一代核潜艇的跨越发展、未来核潜艇的探索赶超奉献了毕生精力，是我国核潜艇科技战线不可多得的战略科学家。

黄志丽

黄志丽，女，汉族，中共党员，1972年3月生，福建龙海人，福建省漳州市芗城区人民法院党组成员、巷口人民法庭庭长。她扎根基层审判一线24年来，先后审结民商事案件5000余件，没有发回改判、没有信访投诉，被群众称为"知心法官"。深入乡村社区走访上万名当事人，与群众想在一起、干在一起，总结出"三个贯穿始终"审判工作方法。在辖区内创设5个"黄志丽法官工作室"，有效将大量矛盾纠纷化解在萌芽状态。党的十九大代表，荣获时代楷模、全国优秀共产党员、全国道德模范、全国先进工作者、全国三八红旗手标兵、最美基层干部、全国模范法官等荣誉称号。

黄继光

　　黄继光（1931—1952），男，汉族，中共党员，1931 年生，四川中江人，生前系中国人民志愿军步兵第一三五团二营通信员。1951 年 3 月参加抗美援朝战争。1952 年 10 月 20 日上甘岭战役中，他在多处负伤弹药用尽的情况下，用自己的胸膛堵住敌人正在喷射火舌的枪眼，壮烈牺牲，年仅 21 岁。被志愿军总部追记特等功，追授特级英雄荣誉称号。朝鲜民主主义人民共和国追授他英雄称号和金星奖章、一级国旗勋章。2009 年当选 100 位新中国成立以来感动中国人物。

彭加木

彭加木（1925—1980），男，汉族，中共党员，1925年2月生，广东番禺人，生前系中国科学院新疆分院副院长，中国科学院上海生物化学研究所研究员，著名植物病毒学家。1956年他放弃出国留学的机会，响应党中央发出的"向科学技术进军"的号召，毅然加入中国科学院综合考察委员会，赴新疆进行科考。在新疆期间，他的足迹遍布天山南北，带领青年科技人员深入田间地头、大漠戈壁，采集各类化学样品、病害标本，先后分离提纯了危害玉米、小麦、甜瓜等农作物的病毒，为新疆植物病毒学研究奠定了坚实基础。他3次进入罗布泊进行科考，1980年6月17日不幸在罗布泊失踪。2009年当选100位新中国成立以来感动中国人物。

斯 霞

　　斯霞（1910—2004），女，汉族，中共党员，1910 年 12 月生，浙江诸暨人，生前系南京师范大学附属小学教师，著名教育家。她执教 68 年，在小学教育教学改革方面独树一帜，创造的"随课文分散识字"教学方法，在全国教育界产生广泛影响。担任国家教委中小学语文教材审查委员会成员 10 年，为我国小学语文教材和教学建设作出重要贡献。第三、五、六、七届全国人大代表，荣获全国劳动模范、全国三八红旗手等荣誉称号。

焦裕禄

焦裕禄（1922—1964），男，汉族，中共党员，1922年8月生，山东淄博人，生前系河南省兰考县委书记。他深入基层调查研究，在担任县委书记的一年多时间里，拖着患有慢性肝病的身体，跑遍全县140多个大队中的120多个。身先士卒，带领群众封沙、治水、改地；带头查风口、探流沙；带头蹚着齐腰深的洪水察看洪水流势；率领干部顶风冒雪访贫问苦，为群众送救济粮款。经常肝疼得直不起腰，用硬物强顶着坚持工作，直至被强行送进医院。1964年5月14日被肝癌夺去了生命，年仅42岁。他临终唯一要求是"把我运回兰考，埋在沙堆上，活着我没有治好沙丘，死了也要看着你们把沙丘治好"。2009年当选100位新中国成立以来感动中国人物。

蒋佳冀

蒋佳冀，男，汉族，中共党员，1981年6月生，四川成都人，1999年8月入伍，空军航空兵某部部队长。历任飞行中队长、大队长、参谋长、团长，他心怀强军梦想，牢记职责使命，苦练打赢本领，带领部队出色完成多项重大军事训练任务，3次勇夺"金头盔"。荣立二等功1次、三等功1次，荣获改革先锋、全国优秀共产党员、全军优秀基层干部、全军学习成才标兵等荣誉称号。

蒋筑英

蒋筑英（1938—1982），男，汉族，中共党员，1938年8月生，浙江杭州人，生前系中国科学院长春光学精密机械研究所副研究员。1965年，他和他的研究小组建立了我国第一台光学传递函数测量装置，建成了国内一流的光学检测实验室。他是一位光学传递函数的计算、装置、测试以及编制程序、标准化等方面的专家，掌握英、德、法、俄、日5门外语，翻译了大量外国资料。1982年6月由于过度劳累，病情恶化，不幸逝世，被追认为中国共产党党员，被追授为全国劳动模范。2009年当选100位新中国成立以来感动中国人物。

谢 晋

谢晋（1923—2008），男，汉族，中共党员，1923年11月生，浙江上虞人，生前系上海电影（集团）有限公司电影导演。他始终贯彻党的文艺方针政策，坚持艺术创作与时代发展同步。改革开放以来，拍摄《天云山传奇》《牧马人》《芙蓉镇》《高山下的花环》《鸦片战争》等一批思想性和艺术性相统一的优秀电影。他的作品集中展现了我国改革开放以来人民思想解放、时代风云激荡的历程，为我国社会主义文艺事业繁荣发展和人民群众思想文化建设作出重要贡献。被誉为"助推思想解放、拨乱反正的电影艺术家"。荣获改革先锋、国家有突出贡献电影艺术家称号、第二十五届中国电影金鸡奖终身成就奖。

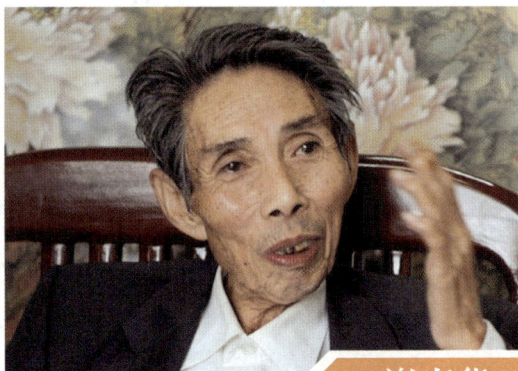

谢高华

谢高华（1931—2019），男，汉族，中共党员，1931 年 11 月生，浙江衢州人，浙江省原义乌县委书记，衢州市人大常委会原副主任。改革开放初期，他坚持群众需求就是第一导向，打破条条框框，以敢于改革创新的勇气和担当，毅然拍板给路边摊市场"开绿灯"，果断提出"四个允许"的政策，首创"兴商建县"的区域经济发展战略，带领全县干部勇敢坚持、积极作为、精心培育，从而催生了义乌这一全球最大的小商品市场，为全国小商品市场的改革发展树立了榜样。荣获改革先锋称号。

谢彬蓉

　　谢彬蓉，女，汉族，中共党员，1971 年 10 月生，重庆忠县人，四川省美姑县瓦古乡扎甘洛村支教志愿者。1993 年入伍，在空军内蒙古某部服役 20 年，因工作成绩突出荣立三等功 1 次。退役时自主择业回到重庆。2014 年初前往四川省凉山彝族自治州支教，在海拔 3000 余米、交通不便、缺水少电的乡村学校坚持了 11 个学期，先后筹集 2 万多元帮孩子们修建教室，让 128 个没有学籍的孩子进入公办学校学习；帮助村民对接并引进资金进行养殖扶贫。荣获最美退役军人、全国三八红旗手等荣誉称号。

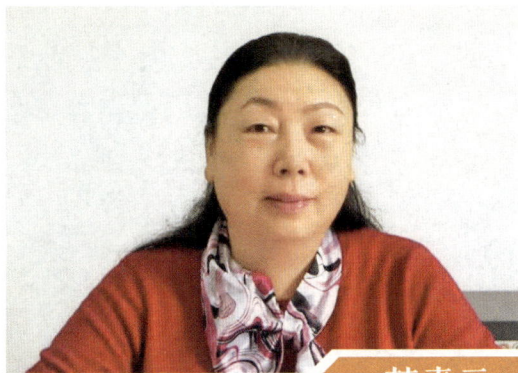

韩素云

韩素云，女，汉族，1961年9月生，山东汶上人，广西壮族自治区南宁市财政局退休干部。她是一位普通的农村妇女，凭着对军人和国家的无限热爱和赤诚之心，以柔弱身躯挑起9口之家的生产、生活重担，让远在千里之外的军人丈夫没有后顾之忧。由于长期过度劳累，她不幸患上重疾，但为让丈夫安心工作，屡称"一家老小平安"。她以感人肺腑、润物无声的朴实行动，谱写了"爱国拥军"的美丽篇章，"好军嫂"韩素云成为一个时代的符号和印记。荣获全国劳动模范、全国三八红旗手、全国先进工作者等荣誉称号，2009年当选100位新中国成立以来感动中国人物。

鲁冠球

鲁冠球（1945—2017），男，汉族，中共党员，1945年12月生，浙江杭州人，生前系万向集团公司董事局主席。他是乡镇企业改革发展的先行者，坚持听党话、跟党走，把党的方针政策落实到企业经营发展之中。改革开放初期，他以开拓者的胆识，主动与乡政府签订厂长个人风险承包合同，开创浙江企业承包改革的先河，并首创浮动工资制。在他的带领下，万向集团从一个小作坊发展为第一个进入美国市场的中国汽车零部件企业，并开创乡镇企业收购海外上市公司的先河，向世界展示了中国企业家勇于改革实践的智慧和担当。荣获改革先锋、全国劳动模范、全国五一劳动奖章。

满广志

满广志，男，汉族，中共党员，1974 年 3 月出生，山东临沂人，1992 年 9 月入伍，中国人民解放军 66029 部队部队长。他自觉将个人理想抱负融入强军兴军实践，扎根基层一线战斗岗位，以改革创新精神破解部队信息化建设难题，全程参与我军第一支信息化营、团、师建设试点，先后多次参加重大军事演习。所带部队被中央军委表彰为全军备战标兵单位。荣立二等功 1 次、三等功 2 次，荣获时代楷模、全军优秀指挥员等荣誉称号。

窦铁成

窦铁成，男，汉族，中共党员，1956年10月生，陕西蒲城人，中铁一局电务公司电力试验所质量负责人。他以顽强的毅力坚持走自学成才、岗位成才之路，自费购买技术书籍，累计写下90余本、200多万字的学习笔记，主持完成《牵引变电所施工工艺》和《电气试验作业指导书》，成长为一名学习型、知识型、技能型、创新型技术专家，累计解决现场施工技术难题69项，解决送电运行故障400余次。获2项国家专利，为企业创造和节约费用1800余万元。党的十八大代表，荣获全国优秀共产党员、全国劳动模范等荣誉称号。2009年当选100位新中国成立以来感动中国人物。

裴志新

裴志新（1947—2021），男，汉族，中共党员，1947年8月生，浙江杭州人，宁夏回族自治区永宁县农作物种子育繁所原所长，著名小麦育种专家。1981年，他育成丰产性突出、适应性广泛、品质优良的宁春4号春小麦。因增产增收效果显著，这一小麦品种在短时间迅速向内蒙古、新疆、甘肃等6省区推广，被哈萨克斯坦等国家引种，成为我国春小麦种植面积最大的品种之一。他不断破解小麦的"生长密码"，建立起一套摊子小、花钱少、效率高的育种机制，连续30多年开展北育南繁任务，将育种工作卓有成效地推向前进，为国家粮食安全作出重要贡献。荣获全国五一劳动奖章。

裴法祖

裴法祖（1914—2008），男，汉族，中共党员，1914年12月生，浙江杭州人，生前系华中科技大学同济医学院名誉院长，中国科学院院士，著名医学家。他是我国普通外科学的奠基人和开拓者，器官移植外科创始人之一，在腹部外科和普通外科的成就推动了我国外科学的发展。严谨的科学作风，无私奉献的精神，是科技界、医学界的楷模。他创造的外科手术方式被誉为"裴氏术式"。获何梁何利科学与技术进步奖，荣获全国先进科技工作者等荣誉称号。

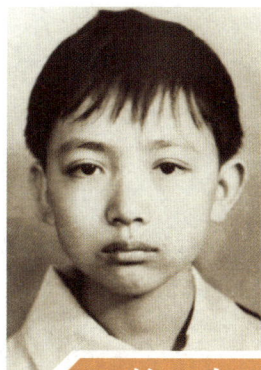

赖 宁

赖宁（1973—1988），男，1973 年 10 月生，四川石棉人，生前系四川省石棉县石棉中学初中二年级学生。1988 年 3 月 13 日，他为了扑灭突发山火，挽救国家财产，在烈火中奋战四五个小时后不幸遇难，献出了年仅 14 岁的宝贵生命。赖宁牺牲后，他的英雄事迹传遍祖国大江南北，受到了社会各界的肯定和褒扬。1989 年 5 月被共青团中央授予"英雄少年"称号。2009 年当选 100 位新中国成立以来感动中国人物。

路 遥

路遥（原名王卫国）（1949—1992），男，汉族，中共党员，1949年12月生，陕西清涧人，生前系中国作家协会陕西分会党组成员、副主席，著名作家。他深入生活、扎根人民，将文学创作融入改革开放伟大实践中，用心用情抒写改革开放故事，先后创作了《惊心动魄的一幕》《在困难的日子里》《人生》等作品。他勇于改革文坛风气，长篇小说《平凡的世界》展现了我国城乡社会生活和人民思想情感的巨大变化，颂扬了拼搏奋进、敢为人先的时代精神，激励了一代又一代青年人向上向善、自强不息，积极投身改革开放的时代洪流，产生了广泛而深远的社会影响。荣获改革先锋称号。

雷 云

雷云（1933—2018），男，汉族，中共党员，1933年5月生，浙江临安人，生前系浙江省社科联党组书记、主席。他是思想理论工作者的杰出代表。对党忠诚，信仰坚定，潜心研究、积极传播和模范践行党的理论，把毕生精力献给党的理论事业。治学严谨，笔耕不辍，多次获中宣部"五个一工程"奖。深入基层和群众，作了数百场生动的理论宣讲，为推进当代中国马克思主义大众化作出重要贡献。他以坚定的信仰、丰富的学识和高尚的人格，在平凡工作岗位上生动践行了共产党人的初心使命，为党员干部树立了榜样，赢得了广大干部群众的赞誉。

雷　锋

　　雷锋（1940—1962），男，汉族，中共党员，1940 年 12 月生，湖南望城人，1960 年入伍，生前系工程兵工程某团汽车连班长。他把自己有限的生命投入到无限的为人民服务之中，1962 年 8 月执行运输任务时不幸殉职。国防部命名他生前所在班为"雷锋班"。1963 年 2 月，原总政治部发出了宣传和学习雷锋同志模范事迹的通知，并编发了《雷锋日记》。荣立二等功 1 次、三等功 2 次，全军挂像英模。2009 年当选 100 位新中国成立以来感动中国人物。

鲍新民

　　鲍新民，男，汉族，中共党员，1956年9月生，浙江安吉人，浙江省安吉县天荒坪镇余村原党支部书记。他带领村民保护生态，关停矿山、水泥厂，坚持不懈对矿山复垦复绿，大力发展第三产业，促进农民致富；积极探索以保护生态资源促进绿色发展的村庄发展模式，通过强化村庄规划、加快土地流转、发展农林休闲旅游，坚定不移走绿色兴村、绿色致富经济转型之路，带来良好社会经济效益，是"绿水青山就是金山银山"理念的践行者。荣获改革先锋称号。

廖俊波

廖俊波（1968—2017），男，汉族，中共党员，1968年8月生，福建浦城人，生前系福建省南平市委常委、副市长，政和县委书记。他毕生笃定社会主义和共产主义理想信念，把对党忠诚、爱拼敢闯作为安身立命之本。任福建省政和县委书记期间，大力发展现代农业，全县经济社会发展成效显著，贫困人口减少3万多人。任南平市委常委、副市长期间，致力于城市规划建设，有力支撑南平经济社会发展。兼任武夷新区党工委书记期间，组织开展"新区建设攻坚战"，实行片区指挥长负责制，推动项目提速增效。荣获时代楷模、全国优秀共产党员等荣誉称号。

裴春亮

裴春亮，男，汉族，中共党员，1970年3月生，河南新乡人，河南省辉县市张村乡裴寨村党支部书记。他用真情回报乡亲的恩情，为村里修公路、建学校、办医院、扶贫助学，捐资3000万元建设裴寨新村。担任村党支部书记以来，他全力带领乡亲奔小康，积极发展蔬菜种植、红薯产业等，筹资开发宝泉旅游度假区，让群众告别贫困，收获更多幸福感。热心慈善事业，累计捐资2.1亿多元。在他的带领下，裴寨从一个省级贫困村，发展成1.18万人、人均年收入1.5万元的新农村。荣获全国劳动模范、全国道德模范、全国创先争优优秀共产党员、中国十大杰出青年等荣誉称号。

谭 彦

谭彦（1960—2004），男，汉族，中共党员，1960年10月生，吉林集安人，生前系辽宁省大连经济技术开发区人民法院党组成员、副院长。他在审理案件中，始终坚持以事实为依据、以法律为准绳，不向恐吓低头。1989年被诊断患有纤细空洞性肺结核，他以惊人的毅力与病魔进行抗争，用更加忘我的工作实践自己"活着就要工作"的誓言。在1993年至1994年身患重病的情况下，审理案件108件，高出全院人均审案件数44%；结案105件，高出全院人均结案50%，两项工作指标都名列全院第一，而且无一发回改判。党的十五大代表，荣获全国优秀共产党员、十大中国杰出青年卫士等荣誉称号。2009年当选100位新中国成立以来感动中国人物。

谭千秋

谭千秋（1957—2008），男，汉族，中共党员，1957年9月生，湖南祁东人，生前系四川省绵竹市东汽中学学生工作处主任，四川省特级教师。1982年1月，他毕业分配到了四川绵竹东方汽轮机厂工作，先后在东方汽轮机厂的职工大学和东汽中学任教。他在日常工作中非常爱学生，被同事们称为"最疼爱学生的老师"。2008年5月12日，在汶川地震中他将4名学生拉到课桌底下，自己弓着背，双手撑在课桌上，用身体盖着学生。被找到时，他后脑被楼板砸得深凹下去，血肉模糊，但仍将学生死死地护在身下，4名学生因此得救。被追授为全国抗震救灾优秀共产党员、抗震救灾英雄。2009年当选100位新中国成立以来感动中国人物。

谭旭光

谭旭光，男，汉族，中共党员，1961年2月生，山东潍坊人，山东重工集团有限公司党委书记、董事长，中国重型汽车集团有限公司党委书记、董事长，潍柴控股集团有限公司董事长。20多年来，他团结带领广大职工大刀阔斧推进改革，探索形成国企改革的"潍柴模式"；心无旁骛攻主业，致力打造高端制造，叫响中国制造"潍柴品牌"。2019年1月，潍柴重型商用车动力总成关键技术及应用项目获得国家科技进步一等奖。第十至十三届全国人大代表，荣获全国劳动模范、全国优秀创业企业家等荣誉称号，获全国五一劳动奖章。

谭清泉

谭清泉，男，汉族，1956年9月出生，湖南湘阴人，1976年3月入伍，火箭军某旅技术室高级工程师，历任战士、连长、营长、旅装备部长、副旅长、总工程师。他始终满怀对党的无比忠诚和对战略导弹事业的无限挚爱，刻苦钻研导弹技术，熟练掌握专业知识，多次参加战斗弹年检、实装操作、装备整修、战役演习、实弹发射等重大任务，为提升部队实战能力作出重大贡献，荣立二等功2次、三等功6次，获全军科技进步二等奖1项、三等奖3项，荣获全军作战部队优秀专业技术人才奖、全国优秀科技工作者，被评为首届全军践行强军目标标兵个人，被中央军委授予砺剑先锋荣誉称号，荣获全国道德模范荣誉称号。

赛福丁·伊斯热依力

　　赛福丁·伊斯热依力，男，维吾尔族，中共党员，1987 年 1 月生，新疆吐鲁番人，新疆中泰化学托克逊能化有限公司电石一车间值班长。他十年如一日，始终以"工匠精神"要求自己，从出炉到炉眼维护，再到炉况的分析，每一步都留下了他坚实的足迹，逐渐成长为先进工作者、技术技能标兵。荣获全国劳动模范等荣誉称号。

鲜学福

鲜学福，男，汉族，中共党员，1929年1月生，四川阆中人，重庆大学采矿工程系教授，中国工程院院士。他是我国著名矿山安全技术专家，煤层气基础研究的开拓者，攻克近距离开采保护层抽放瓦斯这一世界性难题，最早实践近距离煤层保护层开发及瓦斯抽放技术。在国际上首次完整地建立煤层瓦斯渗流理论，为煤层开采时瓦斯运移、富集、涌出的预测及抽放技术的改进奠定理论基础。创新提出超临界二氧化碳强化页岩气高效开采的路径，指导实施世界首次超临界二氧化碳压裂现场试验，使我国在这一领域的研究处于国际前沿地位。获全国科学大会奖1项，国家级科技进步奖3项，荣获全国先进工作者、全国优秀教师等荣誉称号。

樊锦诗

　　樊锦诗，女，汉族，中共党员，1938年7月生，浙江杭州人，敦煌研究院名誉院长。她视敦煌石窟的安危如生命，扎根大漠，潜心石窟考古研究，完成了敦煌莫高窟北朝、隋、唐代前期和中期洞窟的分期断代。改革开放以来，她坚持改革创新，带领团队致力于世界文化遗产的保护传承，积极开展文物国际交流合作，引进先进保护理念和保护技术，构建"数字敦煌"，开创敦煌莫高窟开放管理新模式，有效地缓解文物保护与旅游开发的矛盾。在全国率先开展文物保护专项法规和保护规划建设，探索形成石窟科学保护的理论与方法，为世界文化遗产敦煌莫高窟文物和大遗址保护传承与利用作出突出贡献，被誉为"敦煌的女儿"。荣获改革先锋、全国优秀共产党员、全国先进工作者、全国三八红旗手标兵等荣誉称号。2009年当选100位新中国成立以来感动中国人物。

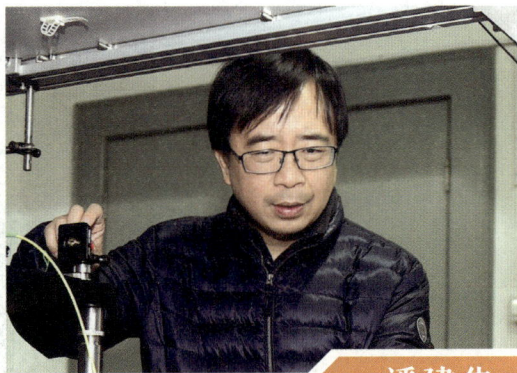

潘建伟

潘建伟，男，汉族，九三学社社员，1970 年 3 月生，浙江东阳人，中国科学技术大学常务副校长，中国科学技术协会副主席，中国科学院院士，九三学社中央副主席。他是国际量子信息实验研究领域的开拓者，突破量子信息处理关键技术，解决量子保密通信在现实条件下的安全性问题。牵头研制成功国际上首颗量子科学实验卫星"墨子号"，主导完成量子保密通信"京沪干线"技术验证机应用示范项目，构建了首个空地一体的广域量子保密通信网络雏形，使我国量子保密通信的实验研究和应用研究处于国际领先水平。获国家自然科学奖一等奖、军队科技进步奖一等奖，荣获改革先锋称号。

燕振昌

燕振昌（1942—2014），男，汉族，中共党员，1942 年 5 月生，河南许昌人，生前系河南省长葛市坡胡镇水磨河村党委书记。他四十年如一日，团结带领群众开拓创新，艰苦创业，把"依靠班子，抓住票子，当好孺子，改变脑子，提升自己"当成座右铭。创新党员教育管理模式，发挥党员干部先锋模范作用，办企业、修道路、建学校、造良田、搞三产，千方百计增加农民收入，使全村成为小康村。为解决群众吃水和灌溉难题，70 多岁的他不顾年迈，四处奔走，推动建成安全饮用水及灌溉工程，惠及 3 个乡镇 23 个村 4 万多人。荣获时代楷模等荣誉称号。

薛 莹

薛莹，女，汉族，中共党员，1973年8月生，辽宁大连人，航空工业西安飞机工业（集团）有限责任公司国际航空部件厂班长。她严格遵守党的政治纪律和政治规矩，练就精湛的飞机装配技能和较强的班组管理能力，以她的名字命名的"薛莹班"承担着客机垂直尾翼可卸前缘组件的装配任务。她带领全体组员改进操作方法、工艺流程，推行精益建设等创新工作，改进了前缘组件上300多个螺钉孔完全和前梁上所有孔同心的操作方法，实现用一个手指的力量就能把前缘装配到垂尾上。党的十八、十九大代表，荣获全国劳动模范、全国三八红旗手标兵、全国道德模范等荣誉称号。

戴明盟

戴明盟，男，汉族，中共党员，1971 年 8 月生，重庆江津人，1990 年 8 月入伍，海军特级飞行员，南部战区海军航空兵副司令员。他是驾驶国产歼—15 战机成功地面模拟航母起飞第一人，驾驶歼—15 战机在"辽宁舰"成功着舰第一人。他从事飞行 20 多年来，先后驾驶和试飞 16 种机型，多次成功处置重大险情。党的十七大代表，荣立二等功 4 次、三等功 3 次。被中央军委授予航母战斗机英雄试飞员荣誉称号，被国务院、中央军委联合授予航母工程建设重大贡献奖。荣获改革先锋、全军爱军精武标兵等荣誉称号。

魏德友

魏德友，男，汉族，中共党员，1940年11月生，山东沂水人，新疆生产建设兵团第九师一六一团护边员。1960年8月参加工作，1964年转业到兵团第九师一六一团原兵2连，2000年光荣退休。1964年魏德友和妻子来到萨尔布拉克草原，坚持在边境线上放牧巡边，总里程达20多万公里，相当于绕地球赤道5圈；堵截越界牲畜数以万计，劝返临界人员千余人次，至今未发生一起涉外事件。荣获时代楷模、全国道德模范等荣誉称号。

第二部分

"最美奋斗者"集体

"863"计划倡导者（左起：陈芳允、王大珩、杨嘉墀、王淦昌）

　　1986年3月，面对世界高技术蓬勃发展、国际竞争日趋激烈的严峻挑战，王大珩、王淦昌、杨嘉墀和陈芳允四位科学家提出"关于跟踪研究外国战略性高技术发展的建议"，朱光亚等科学家对此建议也极力倡导。在充分论证的基础上，党中央、国务院果断决策，于1986年3月启动实施了"高技术研究发展计划（863计划）"，旨在提高我国自主创新能力，以前沿技术研究发展为重点，统筹部署高技术的集成应用和产业化示范，充分发挥高技术引领未来发展的先导作用。

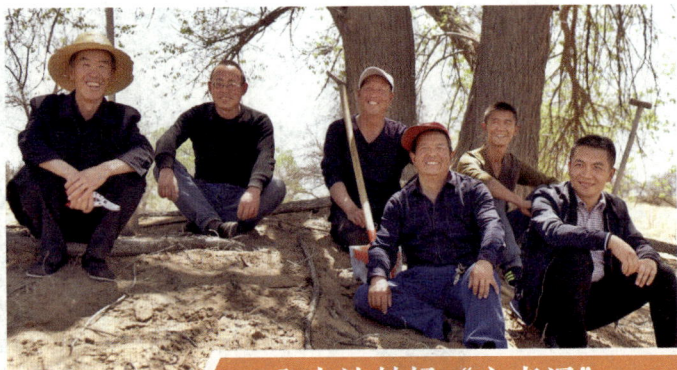

八步沙林场"六老汉"
三代人治沙造林先进群体

八步沙林场地处河西走廊东端、腾格里沙漠南缘的甘肃省古浪县。昔日这里风沙肆虐，侵蚀周围村庄和农田，严重影响群众生产生活。为保护家园，20 世纪 80 年代初，郭朝明、贺发林、石满、罗元奎、程海、张润元 6 位村民，义无反顾挺进八步沙，以联产承包形式组建集体林场，承包治理7.5 万亩流沙。20 世纪 90 年代以来，贺中强、石银山、罗兴全、郭万刚、程生学、王志鹏陆续接过老汉们的铁锹，成为第二代治沙人。2017 年，郭朝明的孙子郭玺加入林场，成为第三代治沙人。38 年来，以"六老汉"为代表的八步沙林场三代职工，持之以恒推进治沙造林事业，至今完成治沙造林 21.7 万亩，管护封沙育林草面积 37.6 万亩，用愚公移山精神生动书写了从"沙逼人退"到"人进沙退"的绿色篇章，为生态环境治理作出了重要贡献。

小岗村"大包干"带头人

1978年冬，安徽省凤阳县小岗村18户农民，以敢为天下先的精神，在一纸分田到户的"秘密契约"上按下鲜红的手印，实行农业"大包干"，从此拉开我国农村改革的序幕。这18位带头人的红手印催生了家庭联产承包责任制，最终上升为我国农村的基本经营制度，彻底打破"一大二公"的人民公社体制，解放了农村生产力，使我国农业发展越过长期短缺状态，解决了农民的温饱问题。"大包干"契约作为改革开放珍贵文物，陈列在国家博物馆，彰显了小岗村作为我国农村改革的主要发源地和中国改革标志的历史地位。荣获改革先锋称号。

火箭军某洲际战略导弹旅

火箭军某洲际战略导弹旅是我国第一支地地战略导弹部队，被誉为"东风第一枝"。组建以来，一代代官兵始终不忘历史责任，精练苦练战略铁拳，倾心铸就大国重器。先后发射数十枚多型战略导弹，数十次执行重大任务，荣立集体二等功1次、三等功2次，被评为全军先进党委、军事训练一级单位。所属发射二营发射连被原第二炮兵授予基层全面建设模范连荣誉称号、3个单位荣立集体一等功、17个营连26次荣立集体二等功，成为投身强军兴军实践的先锋劲旅。2015年荣获时代楷模称号。

"毛泽东号"机车组

"毛泽东号"机车诞生于炮火纷飞的战争年代。1946年10月30日，经中共中央东北局正式批准，将哈尔滨铁路局一台经过工人27个昼夜抢修的机车命名为"毛泽东号"。2014年7月，"毛泽东号"机车结束长达68年牵引货运列车的历史，开始承担旅客列车牵引任务。2016年5月开始承担北京西至长沙间Z1/2次旅客列车牵引任务，8月6日上午8点16分，长沙至北京西Z2次旅客列车平稳停靠在北京西站第一站台，标志着"毛泽东号"机车胜利实现安全走行1100万公里，创下中国铁路机车安全走行新纪录。

中国人民解放军航天员群体

中国人民解放军航天员大队全体航天员胸怀强国梦、矢志强军梦、献身航天梦，以九天揽月的雄心壮志和征战太空的超凡本领，先后14人次勇闯苍穹，巡游太空68天，绕地飞行1069圈，行程4600余万公里，勇夺6次载人飞行任务的全面胜利，为我国载人航天事业作出了卓越贡献，在强国强军的伟大征程中立起了先锋楷模的时代标杆。先后有3人获得国家科技进步奖特等奖，4人获得国家科技进步奖一等奖，1人获得军队科技进步奖一等奖，1人当选100位新中国成立以来感动中国人物。11名航天员被中共中央、国务院、中央军委授予航天英雄、英雄航天员荣誉称号，航天员大队被中央军委授予英雄航天员大队荣誉称号，1名航天员荣获八一勋章，航天员群体荣获时代楷模称号。

中国女排五连冠群体

　　1981 年至 1986 年，中国女子排球队在世界杯、世界锦标赛和奥运会上 5 次蝉联世界冠军，成为世界排球史上第一支连续 5 次夺冠的队伍。中国女排坚定"为国争光"的信念，刻苦训练，顽强拼搏。在 1981 年第三届世界杯赛上，中国女排以 7 战全胜的战绩首次夺得世界冠军，开创了中国女排的新纪元。之后再接再厉，不屈不挠，克服重重困难，相继蝉联 1982 年第九届世界女排锦标赛、1984 年洛杉矶奥运会、1985 年世界杯赛和 1986 年第十届世界女排锦标赛冠军，完美地诠释了顽强拼搏、团结奋斗、无私奉献、为国争光的中华体育精神。一时间，各行各业掀起了学习女排精神、发扬女排精神的热潮。2009 年当选 100 位新中国成立以来感动中国人物。

中船重工第七六〇研究所
抗灾抢险英雄群体

2018 年 8 月 20 日，第 18 号台风 "温比亚" 过境辽宁省大连市，停靠在中船重工第七六〇研究所的国家某重点试验平台出现重大险情。在危急紧要关头，中船重工第七六〇研究所党委委员、副所长黄群等 17 名同志，面对台风和巨浪，挺身而出、英勇无惧，对试验平台进行加固作业。作业过程中，黄群、宋月才、姜开斌被巨浪卷入海中，英勇牺牲。习近平总书记作出重要指示，褒扬他们用实际行动诠释了共产党员对党忠诚、恪尽职守、不怕牺牲的优秀品格，用宝贵生命践行了共产党员 "随时准备为党和人民牺牲一切" 的初心和誓言，他们是共产党员的优秀代表、时代楷模。2018 年，黄群、宋月才、姜开斌被追授全国优秀共产党员称号，中船重工第七六〇研究所抗灾抢险英雄群体被授予时代楷模称号。

载人深潜英雄集体

　　"蛟龙"号是一艘由中国自行设计、自主集成研制的载人潜水器，也是863计划中的一个重大研究专项。2010年5月至7月，"蛟龙"号载人潜水器在中国南海进行多次下潜任务，最大下潜深度达到7020米。2013年，叶聪、付文韬、唐嘉陵、崔维成、杨波、刘开周、张东升7名"蛟龙"号载人潜水器潜航员获得载人深潜英雄称号，"蛟龙"号载人潜水器7000米级海试团队获得载人深潜英雄集体称号。

"两弹一星"先进群体

　　20 世纪 50 年代中期，以毛泽东同志为核心的第一代党中央领导集体，根据当时的国际形势，为了保卫国家安全、维护世界和平，果断地作出了独立自主研制"两弹一星"的战略决策。大批优秀的科技工作者，包括许多在国外已经有杰出成就的科学家，怀着对新中国的满腔热爱，响应党和国家的召唤，义无反顾地投身到这一神圣而伟大的事业中来。1999 年 9 月 18 日，在庆祝中华人民共和国成立 50 周年之际，党中央、国务院、中央军委决定，对当年为研制"两弹一星"作出突出贡献的 23 位科技专家予以表彰，授予于敏、王大珩、王希季、朱光亚、孙家栋、任新民、吴自良、陈芳允、陈能宽、杨嘉墀、周光召、钱学森、屠守锷、黄纬禄、程开甲、彭桓武、王淦昌、邓稼先、赵九章、姚桐斌、钱骥、钱三强、郭永怀"两弹一星功勋奖章"。"两弹一星"元勋是投身"两弹一星"研制工作先进群体的杰出代表。

苏尼特右旗乌兰牧骑
红色文艺轻骑兵

乌兰牧骑的蒙古语原意是"红色的嫩芽",后被引申为"红色文艺轻骑兵"。1957年6月,第一支乌兰牧骑在内蒙古自治区锡林郭勒盟苏尼特右旗的草原上诞生。作为全国文艺战线的一面旗帜,60多年来,一代代乌兰牧骑队员迎风雪、冒寒暑,长期在戈壁、草原上辗转跋涉,以天为幕布,以地为舞台,奉献自己的青春,为基层的农牧民带去精神文化,形成了独特的乌兰牧骑精神。2017年,习近平总书记给苏尼特右旗乌兰牧骑的16名队员回信说:"乌兰牧骑的长盛不衰表明,人民需要艺术,艺术也需要人民。在新时代,希望你们以党的十九大精神为指引,大力弘扬乌兰牧骑的优良传统,扎根生活沃土,服务牧民群众,推动文艺创新,努力创作更多接地气、传得开、留得下的优秀作品,永远做草原上的'红色文艺轻骑兵'。"

红旗渠建设者

　　20世纪60年代，30万林县（今河南林州市）人民为改善恶劣生活条件，摆脱水源匮乏状况，坚持苦干10个春秋，靠着一锤、一铲、两只手，逢山凿洞、遇沟架桥，顶酷暑、战严寒，克服了难以想象的困难，在太行山悬崖峭壁上修成了纵横1500多公里的红旗渠。红旗渠的建成，形成引、蓄、灌、提相结合的水利网，从根本上改变人民群众的生存条件，促进当地经济和社会事业的发展，孕育产生"自力更生、艰苦创业、团结协作、无私奉献"的红旗渠精神。红旗渠至今仍然发挥着不可替代的重要作用，被林州人民称为"生命渠""幸福渠"。

西安交通大学"西迁人"
爱国奋斗先进群体

　　1955 年初，为了社会主义建设和国防建设的需要，同时改变高等教育布局不合理的现状，支持西部地区经济社会发展，国务院决定交通大学内迁西安。数千名交通大学师生响应国家号召，扎根古都西安，用青春和汗水在西北建设了一所著名的高等学府，在交大西迁的洪流中，无数可歌可泣的事迹，筑成了"西迁精神"的丰碑。2017 年 12 月，习近平总书记对 15 位交大老教授的来信作出重要指示，向献身大西北建设的交大老同志们致以崇高的敬意，希望西安交通大学师生传承好西迁精神，为西部发展、国家建设奉献智慧和力量。2018 年 8 月，中组部、中宣部在广大知识分子中深入开展"弘扬爱国奋斗精神、建功立业新时代"活动，大力弘扬西安交通大学"西迁人"爱国奋斗先进群体的崇高精神。

陆军某部"大功三连"

陆军某部"大功三连"是一支抗日烽火中诞生的英雄连队，战争年代4次荣立大功，和平建设时期5次被授予荣誉称号。连队把党的创新理论作为建连之魂、育人之本，常抓不懈，探索出"课程化组学、通俗化促学、常态化帮学、自主化活学、网络化助学"的学习方法，在学以致用、指导实践方面进行了积极探索。近年来，全连先后23人次在军以上比武中摘金夺银，被陆军评为实战化训练先进连；近3年9人考学提干，22人学历升级，25名大学生士兵均立功受奖，退伍战士中28人成功创业，61人成为企业骨干。2017年1月23日，习主席亲临连队看望慰问官兵、提出殷切希望，同年7月28日习主席向连队颁授奖旗。荣获时代楷模称号。

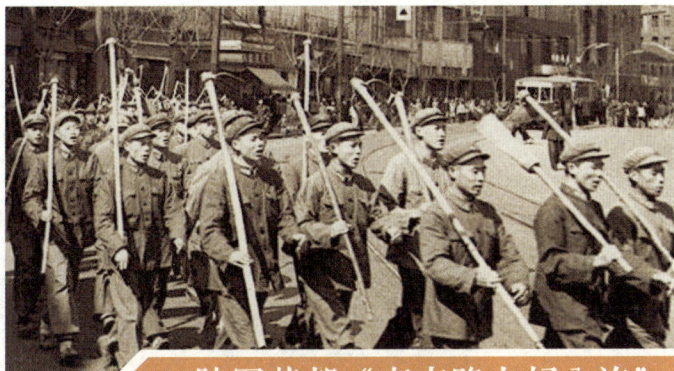

陆军某部"南京路上好八连"

陆军某部"南京路上好八连"成立于 1947 年 8 月 6 日，1949 年 6 月随大部队进驻上海，奉命在上海南京路执勤。连队身处繁华都市，始终保持自身廉洁，发扬艰苦奋斗的优良作风。1959 年 7 月 23 日，上海解放日报头版刊登通讯报道《南京路上好八连》，并配发社论。1963 年 4 月 25 日被国防部授予南京路上好八连称号。毛主席观看话剧《霓虹灯下的哨兵》后，写出光辉诗篇《八连颂》，八连从此成为全国全军的模范连队。2017 年连队换装转型成为一支新型的特种作战力量，不到一年就完成了从"霓虹哨兵"到"特战尖兵"的转变，被陆军确定为新干部锻炼见习基地，被集团军表彰为基层建设标兵连队，成为守卫上海人民安全和维护社会稳定的坚强柱石。

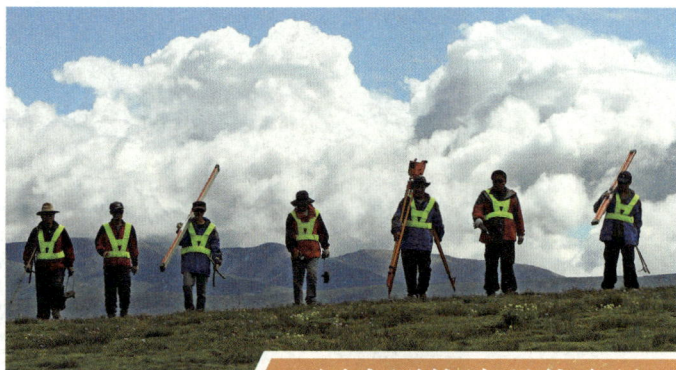

国家测绘地理信息局
第一大地测量队

国家测绘地理信息局第一大地测量队（简称国测一大队）是一支长期从事大地、工程、精密工程测量和地理信息产品生产、开发和研究的甲级测绘单位。截至 2015 年，队员 6 次开展珠穆朗玛峰测量、2 次赴南极测量、32 次深入西藏无人区、28 次进驻内蒙古荒原，徒步行程 5700 多万公里。完成了珠穆朗玛峰高程测量、南极重力测量测绘等工作。国测一大队共有 46 名队员为国家献出了宝贵生命。1991 年受国务院通令嘉奖，被授予功绩卓著、无私奉献的英雄测绘大队荣誉称号。2015 年 7 月 1 日，习近平总书记给国家测绘地理信息局第一大地测量队的 6 位老队员、老党员回信，充分肯定国测一大队和全国测绘战线一代代测绘队员不畏困苦、不怕牺牲，为祖国发展、人民幸福无私奉献的精神。

河北塞罕坝林场先进群体

塞罕坝林场位于河北省最北部，内蒙古高原南缘和浑善达克沙地的最前沿。自1962年2月建场以来，河北塞罕坝林场的建设者们听从党的召唤，在"黄沙遮天日，飞鸟无栖树"的荒漠沙地上艰苦奋斗、甘于奉献，成功培育出世界上面积最大的人工林，创造了荒原变林海的人间奇迹，用实际行动诠释了绿水青山就是金山银山的理念，铸就了牢记使命、艰苦创业、绿色发展的塞罕坝精神。2017年，习近平总书记作出重要指示，褒扬塞罕坝林场是推进生态文明建设的一个生动范例。2014年荣获时代楷模称号，2017年获联合国环境署颁发的地球卫士奖。

空军八一飞行表演队

空军八一飞行表演队肩负国家使命，奋飞航迹见证国家发展奇迹。组建57年来，始终以"国家大礼、蓝天仪仗"为己任，苦练精飞、追求卓越。作为国家形象的名片、强国兴军的窗口，先后6次更换装备、4次参加阅兵、8次参加中国航展，在山东潍坊、吉林长春、河北唐山、陕西临潼等地20余次举行"感恩人民、回报人民"主题巡演。党的十八大以来6次飞出国门，向海内外展现了中国精神、中国力量和新时代中国空军的形象风采，为160多个国家和地区的700多个代表团进行了600余场飞行表演。荣立一等功1次、二等功5次、三等功3次。飞行一大队被空军授予蓝天仪仗大队荣誉称号。

海军 372 潜艇先进群体

海军 372 潜艇先进群体始终牢记新型作战力量部队的特殊使命任务，努力建设过硬的"先锋艇""主战艇"，创造多个第一，出色完成战备远航、演习演练、雷弹实射等多项重大任务。2014 年该艇在执行紧急战备拉动暨远航任务中，突遇水下"断崖"急速掉深险情，全体官兵奋力排险，成功处置，创造我国乃至世界潜艇史上的奇迹。荣立一等功、三等功各 1 次，被评为全军践行强军目标标兵单位，2016 年被中央军委授予践行强军目标模范艇荣誉称号。

航天科技"北斗"团队

————

　　"北斗"团队是我国自主研发北斗导航卫星系统的中坚力量，建立了我国首个、世界第三个卫星导航定位系统——北斗一号卫星系统，打破美国GPS垄断；建成北斗区域导航（北斗二号）卫星系统，创造连续三年成功发射14颗导航卫星的佳绩，开创卫星小批量生产模式的先河，实现我国领土和周边区域的高精度定位，将于2020年建成覆盖全球的北斗卫星导航系统。25年深耕天疆，团队突破自主导航、星间链路等一大批核心关键技术，实现关键器部件100%国产化，撑起国人脊梁、服务国计民生，孕育了"自主创新、团结协作、攻坚克难、追求卓越"的北斗精神。获国家科学技术进步奖特等奖。

航天科技"神舟"团队

"神舟"团队肩负我国全部载人航天器研制设计的重要使命,是党和国家创新发展载人航天的主力军和国家队,平均年龄33岁。从立项至今的27年时间里,"神舟"团队取得了包括神舟飞船、目标飞行器、空间实验室等共计15个载人航天器连战连捷的优异成绩,实现我国载人飞行、太空出舱、交会对接、在轨补加等多项核心技术"零"的突破,孕育了"四个特别"的载人航天精神和"祖国利益至上、勇攀科技高峰、零疑点零缺陷、团队同舟共济"的神舟文化。获全国五一劳动奖章、国家科学技术进步奖特等奖。

航天科技"嫦娥"团队

　　"嫦娥"团队成功研制我国第一颗月球探测卫星——嫦娥一号，树立中国航天第三个里程碑；成功研制我国第一个行星际探测器——嫦娥二号；成功研制嫦娥三号探测器，使我国成为第三个成功实现地外天体软着陆和巡视探测的国家；成功研制嫦娥四号探测器，实现人类历史首次在月球背面软着陆和巡视勘察。15 年间，从探月、落月到世界首次月背软着陆探测，"嫦娥"团队自主创新，不断突破，取得五战五捷的辉煌成果，孕育了"追逐梦想、勇于探索、协同攻坚、合作共赢"的探月精神，在我国航天史上书写了精彩的一页。

后 记

　　幸福源自奋斗、成功在于奉献、平凡造就伟大。党的十八大以来，我国工人阶级和广大劳动人民在实现中国梦伟大进程中拼搏奋斗、争创一流、勇攀高峰，在决胜全面建成小康社会的伟大事业中发挥了主力军作用。新中国70华诞之际，华夏大地奏响雄浑壮美的奋斗交响曲。2019年，由中宣部、中组部等部门部署开展的"最美奋斗者"学习宣传活动人气高涨，推荐"最美"、评选"最美"、学习"最美"形成热潮。

　　习近平总书记指出，在新中国成立70周年之际，中央宣传部等组织开展"最美奋斗者"学习宣传活动，评选表彰新中国成立以来涌现的英雄模范。这对学习英雄事迹、培育时代新人、走好新时代长征路具有十分重要的意义。

　　2022年，中宣部组织编写"纪录小康工程"中央丛书，本书系丛书中的一本，以名录的方式记录了奋战在决胜全面建成小康社会、决战脱贫攻坚一线的"最美奋斗者"的风采。

　　本书根据中宣部统一部署，中宣部新闻局具体负责，人民出版社和新华出版社联合出版发行。在本书编写过程中，得到了"纪录小康工程"国家数据库、新华社、人民日报社、中国搜索等单位的大力支持。

在此一并致以诚挚的谢意。

社会主义是干出来的，新时代是奋斗出来的，奋斗是走好新时代长征路的最好姿态，我们向新时代最美奋斗者致敬！让我们向"最美奋斗者"看齐，继续创造属于新时代的荣光。

编　者

2022 年 6 月

出版统筹：蒋茂凝　王　彤　陈鹏鸣
责任编辑：郑牧野
封面设计：石笑梦　林芝玉
版式设计：汪　莹　王欢欢
责任校对：吕　飞

图书在版编目（CIP）数据

"最美奋斗者"风采录/本书编写组 编 . — 北京：人民出版社：新华出版社，
　2022.10
（"纪录小康工程"中央丛书）
ISBN 978 - 7 - 01 - 024826 - 4

I. ①最…　II. ①本…　III. ①先进工作者－先进事迹－中国
　IV. ① K820.7

中国版本图书馆 CIP 数据核字（2022）第 098637 号

"最美奋斗者"风采录
ZUIMEI FENDOUZHE FENGCAILU
本书编写组

人民出版社　出版发行
新 华 出 版 社

（100706　北京市东城区隆福寺街 99 号）

北京中科印刷有限公司印刷　新华书店经销

2022 年 10 月第 1 版　2022 年 10 月北京第 1 次印刷
开本：710 毫米 ×1000 毫米 1/16　印张：20.25
字数：260 千字

ISBN 978 - 7 - 01 - 024826 - 4　定价：68.00 元

邮购地址 100706　北京市东城区隆福寺街 99 号
人民东方图书销售中心　电话（010）65250042　65289539